Espiritualidade para tempos hostis

Dados Internacionais de Catalogação na Publicação (CIP)
(Câmara Brasileira do Livro, SP, Brasil)

Grün, Anselm
  Espiritualidade para tempos hostis : uma pequena farmácia da consolação / Anselm Grün, Ansgar Stüfe ; tradução de Markus A. Hediger. – Petrópolis, RJ : Vozes, 2022.
  Título original: Die kleine Trostapotheke
  ISBN 978-65-5713-511-2
  1. Confiança 2. Consolação 3. Encorajamento 4. Espiritualidade 5. Fé 6. Presença de Deus I. Stüfe, Ansgar. II. Título.

22-108235   CDD-248.4

Índices para catálogo sistemático:
1. Espiritualidade : Cristianismo 248.4

Cibele Maria Dias – Bibliotecária – CRB-8/9427

ANSELM GRÜN
ANSGAR STÜFE

Espiritualidade para tempos hostis

Uma pequena farmácia da consolação

Tradução de Markus A. Hediger

EDITORA VOZES

Petrópolis

© 2020 Vier-Türme GmbH, Münsterschwarzach.

Tradução realizada a partir do original em alemão intitulado *Die kleine Trostapotheke. Weisheit für unfreundliche Zeiten.*

Direitos de publicação em língua portuguesa – Brasil:
2022, Editora Vozes Ltda.
Rua Frei Luís, 100
25689-900 Petrópolis, RJ
www.vozes.com.br
Brasil

Todos os direitos reservados. Nenhuma parte desta obra poderá ser reproduzida ou transmitida por qualquer forma e/ou quaisquer meios (eletrônico ou mecânico, incluindo fotocópia e gravação) ou arquivada em qualquer sistema ou banco de dados sem permissão escrita da editora.

CONSELHO EDITORIAL

Diretor
Gilberto Gonçalves Garcia

Editores
Aline dos Santos Carneiro
Edrian Josué Pasini
Marilac Loraine Oleniki
Welder Lancieri Marchini

Conselheiros
Francisco Morás
Ludovico Garmus
Teobaldo Heidemann
Volney J. Berkenbrock

Secretário executivo
Leonardo A.R.T. dos Santos

Editoração: Maria da Conceição B. de Sousa
Diagramação: Sheilandre Desenv. Gráfico
Revisão gráfica: Alessandra Karl
Capa: Felipe Souza | Aspectos
Ilustração de capa: Editora Vozes

ISBN 978-65-5713-511-2 (Brasil)
ISBN 978-3-7365-0323-6 (Alemanha)

Este livro foi composto e impresso pela Editora Vozes Ltda.

Sumário

Introdução, 7

Quando me sinto só, 11

Quando estou triste, 17

Quando tenho medo, 24

Quando estou doente, 31

Quando me sinto magoado, 37

Quando me sinto desvalorizado, 44

Quando tenho pena de mim mesmo, 50

Quando tudo parece dar errado, 55

Quando me irrito comigo mesmo, 60

Quando não consigo perdoar a mim mesmo, 65

Quando eu me julgo, 71

Quando não consigo parar de ruminar, 76

Quando lamento as perdas do passado, 81

Quando me sinto ignorado, 87

Quando estou muito sensível, 92

Quanto a vida é cinzenta, 97

Quando não consigo me livrar do meu mau humor, 103

Quando todos parecem estar conspirando contra mim, 109

Conclusão, 115

Introdução

Há situações nas quais precisamos de consolo. Mas reagimos irritados quando alguém nos oferece um falso consolo. Muitas vezes, alguns conselhos e palavras piedosos soam falsos. A palavra alemã *Trost* (consolo) vem de *Treue* (fidelidade) e significa "permanecer firme". Nós consolamos alguém quando temos a coragem de permanecer ao lado dele, de aguentar sua raiva, sua tristeza, suas lágrimas. Não tentamos abafar sua tristeza com palavras piedosas ou inteligentes. Quando permanecemos ao lado do outro, aos poucos ele recupera a força para se levantar de novo e permanecer de pé. Ele volta a sentir o chão sob seus pés e consegue assumir sua posição.

A palavra em latim para consolo é *consolatio*. Significa que estou com (*con*) o solitário (*solus*), que entro em sua solidão e permaneço com... Tenho a coragem de compartilhar de sua solidão e aflição. A tradição espiritual chama o Espírito Santo de *consolador*. Na sequência de Pentecostes de Stephan Langton do século XII lemos: "Consolador magnífico no tempo, hóspede que alegra sentido e coração, doce refrigério na necessidade". O texto em latim diz: *dulcis hospes animae*: o Espírito Santo é "doce hóspede em minha alma", um hóspede agradável, que gosto de abrigar em meu coração. O Espírito Santo como consolador me oferece "doce refrigério" (*dulce refrigerium*); algo que refresca, alegre, que vivifica.

O jesuíta Alfred Delp, que foi preso e executado pela Gestapo em 2 de fevereiro de 1945, meditou sobre esse verso na prisão, para encontrar consolo numa situação sem saída. Ele interpreta *dulce refrigerium*: "o fortalecimento, a elevação e a vivificação espiritual se espalham como temperatura no ambiente e, de repente, o clima se enche de confiança e amabilidade" (DELP, A. *Gesammelte Schriften*. Vol. 4. Frankfurt, 1984, p. 271).

Nós, Anselm, com suas experiências como conselheiro, e Ansgar, com suas experiências como médico, procurador de missões e diretor da editora, escrevemos juntos este livro. Tentamos não oferecer consolos falsos. Decidimos descrever experiências que nós fizemos conosco e com outras pessoas. E nos perguntamos o que queremos ouvir em situações desconsoladoras e o que podemos dizer a outras pessoas. Não queremos dar conselhos. Conselhos sempre transmitem essa sensação de que alguém acha que sabe tudo melhor, que está querendo passar um sermão. Este livro não pretende se colocar acima de ninguém, mas simplesmente compartilhar nossas experiências. Contamos o que nos ajudou e ainda ajuda em tais situações e como nós reagimos a pessoas que nos contam suas aflições. Uma narrativa sempre permite que o leitor preserve sua liberdade. Ela não o obriga a admitir, obedecer ou a fazer algo. Como leitor eu simplesmente observo o que é narrado. Muitas vezes, eu me reconheço na história. E quando algo não me comove ou toca, não tem problema. Nem tudo precisa me comover. Mas quando eu permito que palavras ou histórias me toquem ou comovam, entro em contato com o potencial da minha própria alma. Cada um possui dentro de si o potencial de lidar com situações difíceis. Muitas vezes, porém, nos esquecemos das nossas possibilidades. Estamos fixados demais naquilo que nos assola.

Às vezes, em situações difíceis, podemos receber ajuda não só das experiências de outras pessoas, mas também das palavras da Bíblia. Elas não resolvem simplesmente os nossos problemas. Mas quando recitamos essas palavras em nossa situação de necessidade, nós a vemos através de uma lente diferente. Deixamos de nos fixar naquilo que nos esmaga e levantamos nosso olhar para ver a nossa situação de uma posição elevada, com os olhos de Deus. Então a nossa necessidade se relativiza e, por meio das palavras da Bíblia, conseguimos entrar em contato com a sabedoria da nossa própria alma.

Assim, desejamos ao leitor que as nossas experiências e as palavras da Bíblia, que muitas vezes nos ajudaram a ver a nossa vida sob outra perspectiva, possam também lhe servir de consolo. O subtítulo do livro fala de uma "farmácia de consolação". A palavra farmácia em alemão, *Apotheke*, provém do grego e significa originalmente "armário" ou "despensa". Nos mosteiros, essa palavra era usada para designar a despensa em que os monges guardavam as ervas medicinais. Originalmente, o "apotecário" era o administrador do depósito, que conhecia tudo que havia nele e que conseguia encontrar as ervas certas quando um enfermo precisava de ajuda.

Este livro não guarda ervas medicinais, mas as experiências dos dois autores e da tradição espiritual. E uma seção da biblioteca de consolo nos oferece palavras bíblicas às quais podemos recorrer, dependendo da necessidade que sentimos no momento. Assim, desejamos ao leitor que encontre em nossa farmácia da consolação aquilo que o consola, levanta e o ajuda a lidar bem consigo mesmo e com sua vida no dia a dia.

Anselm Grün
Ansgar Stüfe

QUANDO
me sinto só

Anselm Grün

Em conversas, sempre ouço a queixa: "Eu me sinto tão só, tão solitário. Ninguém tem tempo para mim. Principalmente à noite, quando estou sozinho em meu apartamento, eu não me aguento entre as minhas quatro paredes. Sinto-me abandonado por todos os meus amigos. Ninguém me liga. Ninguém pensa em mim. Então me pergunto qual é o sentido dessa vida. Ninguém sente falta de mim. É como se eu não existisse".

A Bíblia conhece essas situações de solidão. No Antigo Testamento, nas Lamentações o autor lamenta o destino do povo de Israel depois da destruição do templo em Jerusalém: "Como está solitária a cidade outrora populosa! Tornou-se uma viúva a metrópole entre as nações; a princesa entre as províncias ficou sujeita a trabalhos forçados. Chora e chora durante a noite, as lágrimas cobrem suas faces; não encontra quem a console entre todos os seus amantes. Foram-lhe infiéis todos os seus amigos e se tornaram inimigos" (Lm 1,1-2).

Posso aplicar essas palavras também ao meu sofrimento na solidão: "Antigamente, eu era o centro das atenções de muitas pessoas; era uma pessoa reconhecida em minha profissão. Agora estou aqui, sozinho, e ninguém pensa em mim. Todas as minhas conquistas foram esquecidas para sempre".

No terceiro capítulo de Lamentações um indivíduo contempla sua solidão. Ele a aceita e percebe ao mesmo tempo a esperança de que Deus a transforma: "Ficar só e calado, quando o SENHOR sobre ele o impõe; meter a boca no pó – talvez ainda haja esperança –, oferecer a face a quem o fere e saciar-se de insultos, porque o Senhor não guarda aversão para sempre. Ainda que cause aflição, Ele se compadece com grande misericórdia porque não é de bom grado que Ele oprima ou aflija os seres humanos" (Lm 3,28-33).

Quando leio estes dois textos permito-me lamentar a minha solidão e ter pena de mim mesmo por estar tão sozinho. Ao mesmo tempo, porém, em meio ao lamento, sinto a esperança de que Deus transforma a minha solidão. Quando me volto para Deus em minha solidão, já não estou mais tão sozinho. Posso conversar com Ele sobre esse meu estado.

O psicanalista suíço Peter Schellenbaum acredita que a resposta à própria solidão é transformá-la em união com tudo. Quando me sinto um com Deus e com todas as pessoas em minha solidão, igualmente me sinto apoiado; não mais abandonado, esquecido e desprezado. Pertenço à grande comunidade dos seres humanos. Quando sou um com Deus e com as pessoas, sinto ao mesmo tempo uma união comigo mesmo, uma aceitação como pessoa singular que sou, que se sente só neste momento, mas que, no fundo da alma está unida com todas as pessoas neste vasto mundo. Eu deixo de ser o centro da minha atenção e passo a sentir minha união com todas as pessoas e com toda a criação.

Um texto que pode nos consolar na solidão é Is 54. O capítulo começa assim: "Dá gritos de alegria, estéril que não deste à luz; vibra de alegria e júbilo, exulta, tu que não sofreste dores de parto! Pois a abandonada tem mais filhos do que a casada, diz o SENHOR. Amplia o espaço de tua tenda e estica as lonas da morada, sem olhar despesas! Alonga suas cordas, firma bem as estacas" (Is 54,1-2).

Nesse texto a solidão aparece vinculada a dois outros sofrimentos: à experiência da infertilidade e à falta de autoconfiança. Uma pessoa que se sente só acredita que sua vida não dá fruto, que ninguém se importa com ela, que vive sua vida sem que ninguém a perceba. Muitas vezes, o sentimento de solidão afeta a autoconfiança. A pessoa culpa a si mesma pelo fato de estar só. Evidentemente, ela não é importante para os outros, nada tem a oferecer, é uma pessoa entediante. Numa conversa, ela nada tem a contribuir para entreter os outros. E assim, afunda-se cada vez mais nestes três sentimentos: estou sozinha, não dou fruto, não tenho autoconfiança.

Quando medito sobre este texto tendo em mente essas três posturas, ele pode me oferecer um consolo que não é falso. Posso imaginar e talvez até acreditar: Sim, estou sozinha, mas não estou sem amigos. Sinto-me conectada com muitas pessoas, e elas me veem e percebem. Cabe a mim a responsabilidade de me abrir para essas pessoas e de me sentir conectada com elas. Então sentirei: sim, é verdade, não tenho muito a mostrar aos outros, mas a minha vida não foi totalmente infértil. Eu já pude ser uma bênção para outras pessoas.

As palavras de promessa valem para as duas primeiras posturas: solidão e infertilidade. Precisamos confiar nessas palavras. No que diz respeito à terceira postura – a autoconfiança –, o texto nos encoraja a fazer algo. Devemos ampliar o espaço da nossa "tenda" e "esticar as lonas da morada". Não posso ficar esperando até que Deus me dê autoconfiança. Não, eu devo confiar na promessa e partir pessoalmente para a ação. Devo ampliar meu interior.

O profeta fala em imagens: devo ampliar o espaço da minha tenda para que ela possa abrigar muitas pessoas, para que ocorra comunhão. Mas como posso aplicar essas imagens de forma concreta?

Eu faço o seguinte: Sento-me, inspirando e expirando lentamente. Imagino como, ao inspirar, meu peito se amplia. E juntamente com o peito meu coração também se amplia. Na amplidão do meu coração, a minha fixação em minha falta de autoconfiança é interrompida. Então, passo a ter noção da minha dignidade, do meu valor. Meu coração se abre para as pessoas que eu conheço. Esse coração amplo consegue acolher muitas pessoas. Eu não estou mais sozinho. Quando amplio meu coração, ainda não há outras pessoas que entrem em minha tenda, mas estou aberto a elas. Nessa abertura, eu já sinto uma conexão com elas. Eu não me isolo mais. Ao contrário, eu me abro para que outras pessoas possam entrar em mim.

Ansgar Stüfe

Recentemente eu estava reunido com várias pessoas de idades diferentes. A mais velha falou dos sentimentos que a atormentavam. Era um homem que se sentia só. Ninguém o visitava, ninguém se interessava por aquilo que pensava e todos diziam que ele nada mais era do que um modelo antiquado.

Suas palavras me afetaram porque as acusações que ele levantava se aplicavam também a mim. Eu nunca pedi sua opinião e eu nunca havia pensado em visitá-lo. Por quê? Eu não gostava de muitas das suas opiniões e ele não aceitava quando alguém o contradizia. Ele costumava se irritar com a pessoa que ousava levantar objeções e a acusava de ter defendido determinadas opiniões no passado. Esse tipo de comportamento não encoraja as pessoas a procurarem uma conversa com ele. Por outro lado, porém, ninguém tem a coragem de lhe explicar essas causas. Pois isso também provocaria um ataque. Esse tipo de solidão é, portanto, causado por ele mesmo. É principalmente na idade mais avançada que esse tipo de comportamento costuma se manifestar.

O que poderia ajudá-lo? Explicações francas costumam ser em vão, pois normalmente são recusadas. A única coisa que ajuda é fazer perguntas. Essas pessoas devem se perguntar se existe alguém de quem gostam. Como elas avaliam seu ambiente? Há pessoas com as quais elas gostariam de ter contato? E quando elas se irritam com alguém, talvez devessem refletir se não está na hora de perdoá-lo. Muitas vezes esperam que a pessoa peça perdão. Se isso não acontecer, elas não perdoam. Mas Jesus nos deu outro exemplo: Ele perdoa antes mesmo que a pessoa se arrependa. Esse tipo de perdão sem precondições abre as pessoas e elas conseguem perceber o seu amor. Faria tão bem a tantas pessoas se elas conseguissem perdoar mais e mostrar o seu afeto.

É incrível como uma banalidade pode causar o rompimento de um relacionamento. Em nossos mosteiros, nossos missionários viviam em condições de vida diferentes. Existia o grande mosteiro central e as muitas paróquias na região. Algumas vezes por ano todos os missionários se reuniam no mosteiro, quando era celebrada uma festa ou decisões importantes precisavam ser tomadas. No tempo entre esses eventos, muitas vezes os missionários ficavam a sós em suas paróquias. Certa vez, um deles voltou para o mosteiro apenas poucos dias após o último encontro porque havia esquecido algo. Quando o abade o viu, comentou: "Você gosta de aparecer por aqui, hein?" Provavelmente, o abade não pensou muito ao tecer esse comentário. Mas o missionário ficou tão magoado e irritado, que não voltou para a abadia por vários anos. Já velho, ele ainda se queixava desse incidente. O preço que pagou por isso foi a solidão.

Por que tantas pessoas têm tanta dificuldade de perdoar, mesmo sabendo que, sem perdão, um convívio não é possível? O perdão é um dos remédios mais importantes na nossa farmácia do consolo. E nem é um remédio amargo, como alguns acreditam. Ele só precisa ser tomado sempre e com regularidade. Jesus diz que devemos perdoar sete vezes setenta vezes, a cada dia. Trata-se, portanto, de uma postura fundamental e básica.

Muitas vezes, a solidão é provocada por circunstâncias externas. Alguém se muda para uma outra cidade porque conseguiu um novo emprego. Isso pode ser um tempo muito difícil. Acima de tudo, precisamos de paciência em situações assim. Novas amizades não se fazem em segundos. Precisamos ter a coragem de conhecer novas pessoas. Isso exige nossa participação ativa. Cada ser humano possui preferências. Devemos cultivá-las, pois elas geram contatos com pessoas com preferências semelhantes. Podemos trocar ideias e planejar atividades comuns com essas pessoas, e isso põe um fim à solidão.

A solidão pode ser mais difícil para pessoas idosas, cujos amigos e parentes já faleceram. Minha avó chegou aos 90 anos de idade. Alguns anos antes de sua morte ela me contou que cinquenta das pessoas que ela conhecia já haviam morrido. Mas ela era uma mulher piedosa e ia à missa todos os dias. Isso lhe ajudou a superar esse tempo. Uma pessoa que alcança essa idade precisa enfrentar a realidade de perder pessoas que morrem antes dela.

Hoje em dia, muitas pessoas alcançam uma idade avançada. É importante que elas tenham contato com pessoas mais jovens que, provavelmente, não morrerão antes delas. Muitas pessoas mais jovens não têm ninguém que queira ouvi-las. Assim, os mais velhos poderiam assumir o papel de ouvintes. Infelizmente, muitos dos idosos preferem falar de sua própria vida, mas muitas pessoas não percebem que sua vida transcorreu de forma semelhante à vida de muitos outros. Por isso devemos desenvolver uma postura de ouvinte, à qual podemos recorrer quando envelhecemos.

Como isso seria uma bênção para os jovens se pudessem conversar com alguém que não fica fazendo comentários negativos. Com base na experiência de sua vida, os idosos poderiam transmitir tranquilidade e encorajar os jovens. Eu sempre me surpreendo quando vejo como os jovens refletem sobre a vida e desejam assumir o controle sobre ela. Para os mais velhos, isso é uma chance para romper a sua solidão. Ouvir é o grande segredo para conhecer pessoas.

QUANDO
estou triste

Anselm Grün

Fico triste quando um amigo me decepciona, quando ele deixa de falar comigo ou abusa da minha confiança. Fico triste quando eu mesmo me decepciono. Acreditei que havia trabalhado para me tornar uma pessoa madura. Mas agora percebo que continuo mesquinho e covarde e que fujo de conflitos. Não cheguei ao ponto em que queria estar. Isso me deixa triste. Fico triste quando recebo a notícia de que um amigo adoeceu ou quando uma pessoa querida morre. Às vezes, sinto uma tristeza dentro de mim e nem sei dizer por quê. Simplesmente sinto um aperto no coração. Alguns dizem, que a culpa é do tempo, principalmente no inverno, quando o céu fica encoberto por muito tempo e a luz do sol diminui.

Evágrio Pôntico analisou a tristeza nos monges. Ele chegou à conclusão de que, muitas vezes, a causa da tristeza é algum desejo infantil que não foi satisfeito. Além disso, ele faz uma distinção entre luto (*penthos*) e tristeza (*lype*). Luto é algo ativo. Eu posso estar em luto por causa da morte de uma pessoa amada, por causa do fim de um sonho que eu tentei realizar durante uma vida inteira ou porque perdi uma chance que teria aberto uma nova porta para mim. Luto também significa despedir-me do passado e aceitar as circunstâncias atuais. Quando lamento minha própria mediocridade, isso significa que me despeço das ilusões que tive em relação a mim mesmo.

A tristeza, por sua vez, está ligada à autopiedade; quando estou triste, tenho pena de mim mesmo porque a vida não está sendo tão boa quanto eu imaginava, porque as esperanças que eu tive para a minha vida e para mim mesmo não se concretizaram. Fico chorando como uma criança porque Deus e o destino não cumpriram os meus desejos. Vejo tudo através das lentes da tristeza, e o mundo e a vida parecem tristes. É difícil suportar essa tristeza, mas não consigo encontrar um jeito de me livrar dela.

Jesus Ben Sirá, o mestre de sabedoria do Antigo Testamento que une o pensamento judaico com o pensamento grego, conhece o efeito nocivo da tristeza: "Pois da tristeza pode provir a morte; a tristeza do coração abate as forças" (Ecl 38,18). Tristeza não faz bem, ela rouba toda a nossa força. Evágrio acredita que devemos lamentar o fato de não sermos tão perfeitos como gostaríamos de ser, para então nos aceitarmos do jeito que somos.

Muitos, porém, não reagem com pesar e luto, mas lamentam a perda de suas ilusões, e é exatamente isso que suga todas as suas energias. Alguns ficam tristes porque têm grandes planos, mas não têm a força para realizá-los. O mesmo acontece com o jovem rico no Novo Testamento que, cheio de entusiasmo, deseja seguir Jesus. Mas quando Jesus lhe mostra o caminho de desistir de seus bens para assumir sua forma verdadeira, ele "ficou triste e foi embora abatido, porque possuía muitos bens" (Mc 10,22). A tristeza paralisa o jovem e o impede de fazer aquilo que seu coração já tinha reconhecido como o caminho para a vida e a liberdade.

As pessoas ficam tristes quando precisam se despedir. Ficam tristes quando alguém parte em uma longa viagem. E ficam mais tristes ainda quando alguém se vai para sempre. Muitos não conseguem lidar com isso. Eles reprimem seu luto e se refugiam no trabalho. Jesus nos mostra um caminho para evitar isso. Aos seus discípulos, que estão tristes porque Ele lhes revelou que partirá de seu meio, diz: "Ainda um pouco de tempo e não me vereis; mais um pouco de tempo e me tornareis a ver. Na verdade eu vos digo: chorareis e vos lamentareis, mas o mundo se alegrará. Ficareis tristes, mas vossa tristeza se transformará em alegria. Quando a mulher está prestes a dar à luz, ela fica triste porque chegou a sua hora. Mas depois que nasceu a criança, já não se lembra da aflição, pela alegria que sente de ter vindo ao mundo uma pessoa humana. Assim também vós estais tristes agora, mas eu vos verei de novo. Então o vosso coração se alegrará e ninguém poderá tirar-vos a alegria" (Jo 16,19-22).

O texto grego usa aqui a palavra *"lype"*, "tristeza": Jesus tirará dos discípulos a sua tristeza quando Ele voltar e quando eles tornarem a ter comunhão com Ele. O retorno de Jesus não se refere apenas à nossa morte, quando voltaremos a ver Jesus, tampouco apenas ao retorno definitivo de Jesus no fim do mundo. Nós podemos experimentar a transformação da tristeza em alegria quando, no aqui e agora, sentimos a presença de Jesus. Sua presença desperta dentro de nós uma alegria que ninguém pode tirar.

Alguns dizem: Essas palavras são bonitas, mas como devo vivenciar isso? Como essas palavras de Jesus podem me ajudar a lidar com minha tristeza? Jesus compara a tristeza com as dores de parto de uma mulher. Isso significa: sempre que ficamos tristes, algo novo tenta nascer em nós. Por isso não devemos fixar nosso olhar apenas na tristeza, mas tentar descobrir também o que está querendo nascer em nós. Não devemos nos culpar nem julgar quando ficamos tristes nem devemos afundar na tristeza. Ao contrário, devemos perguntar o que a tristeza está tentando nos dizer e o que está querendo crescer dentro de nós. Quando confiamos naquilo que cresce dentro de nós a tristeza se transforma em alegria.

A tristeza é transformada quando a criança interior nasce dentro de nós, a criança divina, que corresponde ao nosso ser verdadeiro e na qual transparece a imagem singular que Deus tem de cada um de nós.

Jesus diz que nosso coração se alegrará quando Ele nos ver novamente. E ninguém poderá tirar essa alegria de nós. Essa alegria não é, portanto, uma simples emoção agradável. A alegria que Jesus nos dá é uma realidade divina. Quando sentimos Cristo dentro de nós sentimos essa alegria.

Às vezes, fazemos uma experiência espiritual: de repente, o mistério da nossa vida se revela a nós. Ou sentimos internamente a proximidade de Jesus. É uma experiência mística que não podemos provocar, mas que nos é dada. Podemos entender as palavras de Jesus de outra forma. Vivenciar Jesus também significa entrar em contato com o verdadeiro si-mesmo. Quando desisto de todas as exigências que faço a mim mesmo, quando sinto uma profunda paz interior por simplesmente ser quem eu sou, surge uma alegria interior. Em momentos assim, não preciso "produzir" a alegria. Ela simplesmente me inunda. Quando isso acontece, eu entendi as palavras de Jesus. Sinto que essa alegria não depende de eventos externos, não depende da aprovação ou rejeição dos outros. Ela está simplesmente dentro de mim, na profundeza da minha alma. Ninguém pode tirar essa alegria de mim, nenhum ser humano nem os acontecimentos.

Ansgar Stüfe

Não podemos ser felizes o tempo todo. Desde a infância precisamos aprender a desistir de algo que tínhamos desejado muito, e isso nos deixa tristes. Quero compartilhar uma lembrança pessoal: eu devia ter uns 4 anos quando minha mãe precisou fazer uma viagem rápida. Ela me perguntou se eu queria acompanhá-la. Ao mesmo tempo, uma tia me ofereceu uma excursão da qual eu também queria participar. Assim, minha mãe embarcou sozinha no trem e eu fiquei com minha tia. A excursão era mais importante para mim. Quando o trem partiu, eu mudei de ideia, mas era tarde demais. Chorei amargamente e fiquei muito triste. Essa história se gravou na minha memória porque ela me ensinou que eu tinha sido a única causa da minha tristeza. Por outro lado, se eu tivesse tomado a decisão de acompanhar minha mãe, eu também teria ficado triste. Assim, aprendi que decisões que precisamos tomar no dia a dia podem nos entristecer.

O que nos consola nessas situações cotidianas é a curta duração. O tempo afasta a tristeza, outras coisas passam a exigir nossa atenção. As coisas mudam, porém, quando me encontro numa situação que dura mais tempo. O local de trabalho nos deixa tristes com frequência. Isso já começa quando alguém assume um emprego novo: ele é confrontado com colegas desconhecidos, métodos de trabalho e estratégias, que, sob outras circunstâncias ele evitaria. Muitas vezes também surgem dúvidas referentes aos desafios: Será que darei conta? E também o chefe exerce pressão.

Certa vez eu trabalhei num hospital cujo cirurgião-chefe era um ser humano estranho. Ele gostava de humilhar seus funcionários durante as cirurgias e fazer perguntas que eles não sabiam responder. No início, nós nos sentimos impotentes e ficamos tristes. Até cheguei a pensar que havia escolhido a profissão errada. Certo dia esse cirurgião afirmou algo que não era verdade. Eu reuni toda a minha coragem e o contradisse. Ele ficou tão impressionado com aquilo, que me nomeou seu assistente. Essa mudança foi boa para mim, mas a minha tristeza interior não diminuiu, porque, de um modo geral, a situação naquela parte do hospital não havia mudado.

Eu mudei de emprego, e o peso daquele fardo que me esmagava desapareceu. A tristeza pode, portanto, depender de situações externas. Em casos assim, encontramos consolo quando assumimos a liberdade de mudar a situação. Quando você estiver triste, fique sempre atento às suas chances e oportunidades. É preciso força para aproveitá-las. Mas o esforço vale a pena, pois você libera forças interiores quando consegue vencer a tristeza.

Ficamos tristes também quando sofremos perdas graves que não podem ser revertidas. Isso acontece quando uma pessoa próxima e querida morre, quando um cônjuge desiste do casamento, um amigo rompe a amizade ou quando uma doença deixa sequelas que não podem ser curadas. Nesses casos, o tempo deixa de ser um consolo, porque a perda permanece. Não é mais possível mudar a situação.

Alguns tentam abafar a tristeza com diversão ou recorrem ao álcool e às drogas. Mas isso não é uma solução, pois essas medidas causam outros problemas. O que resta então como consolo? Todas as pessoas conhecem situações ou ocasiões em que elas se sentem mais à vontade do que em outras. Infelizmente, diminui cada vez mais o número de pessoas que buscam consolo na oração, apesar de ser um dos mais eficazes. Conheço uma enfermeira no nosso hospital na África. Seus dois filhos morreram. Desde então ela se tornou bastante deprimida, mas sobrevive indo à missa todos os dias e rezando com frequência. Ela se apoia na grande promessa de Jesus de que Ele ajudará as pessoas entristecidas. Hoje em dia, muitas pessoas não têm mais acesso a práticas religiosas. Mas elas podem ir à procura daquilo que lhes faz bem. Isso pode ser uma caminhada na natureza ou alguma atividade no jardim. O vigor da natureza e as forças que renascem nela podem ter um efeito positivo sobre nós. Música, arte e beleza em todos os seus aspectos também podem nos alegrar. O que ajuda de forma especial é quando podemos cuidar de alguém que está sofrendo. Paradoxalmente, isso nos dá força e nos alegra. O que importa é mobilizar as forças positivas ainda existentes. Isso nos ajuda a continuar a viver, mesmo quando uma parte da alma permanece triste.

Existem, porém, pessoas que estão tão tristes que não conseguem mais mobilizar as próprias forças. Essas pessoas precisam da ajuda de outros. Em casos assim, é importante admitir para si mesmo que precisa de ajuda. Quando alguém está tão paralisado que não consegue nem mais se expressar, ele precisa de outros que sejam capazes de perceber e reconhecer essa situação. Tais pessoas são raras, mas elas são um consolo e ajuda aos necessitados. Dependendo da profundeza da tristeza, o consolo pode vir de dentro ou de fora, por meio de outra pessoa.

QUANDO
tenho medo

Anselm Grün

Todos conhecem o medo. Ele é parte essencial do animal e do ser humano. No animal, o medo gera o impulso de lutar com todas as forças ou de fugir o mais rápido possível. Nos seres humanos, ele possui um sentido adicional. Ele pretende chamar nossa atenção para a realidade e nos livrar de expectativas e suposições falsas; por exemplo, da expectativa de não cometermos erros para não sermos rejeitados. Muitas vezes, porém, surgem medos que só nos paralisam. Ficamos com medo e não conseguimos nos defender dele. Esses tipos de medo têm muitas causas. A Bíblia nos fala de alguns medos que acometem e oprimem o ser humano.

No Antigo Testamento encontramos a história de José, que é jogado num poço por seus irmãos, porque eles querem se livrar dele, querendo matá-lo. Eles o veem "angustiado pedir compaixão" (Gn 42,21). Quando somos ameaçados, tememos pela nossa vida. Queremos continuar a viver. O Profeta Elias vivencia o mesmo quando a Rainha Jezabel o persegue e tenta matá-lo. O medo o impulsiona a fugir dela (1Rs 19,3). O Rei Saul também conheceu o medo quando viu o tamanho do acampamento dos filisteus, seus inimigos. Ele "foi tomado de medo e seu coração ficou apavorado" (1Sm 28,5). O Evangelista Lucas descreve para nós o medo de pais que não conseguem encontrar seu filho: quando Maria e José reencontram seu filho no templo após três dias, Maria diz a Jesus: "Olha, teu pai e eu, aflitos, te procurávamos" (Lc 2,48).

O Livro da Sabedoria descreve o medo das pessoas com palavras que poderíamos encontrar de forma semelhante em livros psicológicos de hoje. O livro fala de como, quando os israelitas saíram do Egito, Deus os acompanhou numa coluna de fogo. Aquilo encheu os egípcios de medo. O Livro da Sabedoria, no qual encontramos claras alusões à filosofia e psicologia estoicas, relata como os mágicos que, normalmente, tentavam livrar as pessoas de seus medos, tiveram tanto medo que ficaram confusos: "Com efeito, os que se gabavam de expulsar das almas enfermas os temores e as inquietações adoeceram eles mesmos de um medo ridículo. Ainda que nada houvesse de aterrador para os amedrontar, a passagem dos animais e o silvo das serpentes os aterrorizavam. E morriam de medo, recusando-se a olhar o próprio ar ao redor, o que de modo algum se pode evitar" (Sb 17,8-10).

Quando o ser humano é tomado de medo, esse sentimento o domina totalmente. Qualquer barulho no teto da casa o assusta. Sim, ele nem consegue olhar para nada; sente-se perseguido por tudo. O autor identifica como causa desse medo a sua consciência pesada: "Pressionado pela consciência, presume sempre o pior" (Sb 17,11). Uma pessoa com peso na consciência tem medo de tudo. Como remédio contra esse medo, o autor recomenda a razão. Diz: "Pois o medo não é outra coisa senão a falta dos socorros que vêm da reflexão. Quanto menor interiormente a esperança, tanto mais grave se torna o desconhecimento da causa dos tormentos" (Sb 17,12-13).

Que pensamento surpreendente. Hoje a psicologia diria: preciso reconhecer a causa do meu medo. Preciso enxergar o que me assusta. Talvez sejam sentimentos de culpa. Talvez sejam experiências traumáticas feitas na infância. Eu só consigo lidar com o medo se eu reconhecer a sua causa. Quando contemplo o meu medo com a minha razão, distancio-me dele. Mas quando recuso a ajuda da minha razão, o medo se apodera cada vez mais de mim e eu não consigo entendê-lo. Não consigo escapar de suas garras. Um texto que sempre me consola quando estou com medo é a fala de Jesus aos seus discípulos quando Ele os envia às pessoas para proclamar a sua mensagem: "Não tenhais medo deles; porque não há nada encoberto que não venha a ser revelado, nem escondido que não venha a ser conhecido. Dizei à luz do dia o que vos digo na escuridão, e proclamai de cima dos telhados o que vos digo ao pé do ouvido. Não tenhais medo dos que matam o corpo mas não podem matar a alma" (Mt 10,26-28).

O texto fala de dois tipos de medo que podem ser dissolvidos ou transformados pelas palavras de Jesus. O primeiro é o medo de que as pessoas possam descobrir as minhas fraquezas, meus erros ou as minhas sombras. Normalmente tentamos apresentar uma fachada perfeita aos outros. Tentamos esconder nossas fraquezas por trás de um véu de perfeição e tranquilidade. Assim, vivemos no medo constante de que os outros possam derrubar a nossa fachada e descobrir como nós somos mesquinhos e medrosos, teimosos ou sensíveis.

Jesus nos diz: Você não precisa ter medo do caos no seu interior. Deus vê tudo e lhe aceita com tudo o que existe em seu interior. Você não precisa esconder nada dele. Ele conhece você perfeitamente e o ama do jeito que é. Se confiar nesse amor de Deus, perderá seu medo. Você não precisa revelar aos outros todos os seus erros e suas fraquezas, mas não precisa ter medo quando eles descobrirem alguma fraqueza sua. Você pode assumi-la e aceitá-la, assim como Deus a aceita. Assim, o ser humano não consegue derrubar você.

O segundo medo do qual Jesus fala aqui é o medo daqueles que querem matar o corpo. É o medo de ser ferido por outros. Isso se aplica não só aos ferimentos do corpo, mas também aos ferimentos da alma. Tememos que outros possam nos atacar e magoar publicamente. Nós tentamos nos proteger e construímos um muro que nos cerca. Mas esse muro não só nos protege dos outros; ele também nos impede de nos relacionarmos com eles.

Jesus quer que saibamos: as pessoas só podem machucar e ferir o seu corpo ou a sua psique, mas não o espaço do silêncio dentro de você. Nenhuma palavra nociva consegue invadir esse espaço. Nesse espaço, você está protegido, e é nele que Deus vive em você. E onde Deus habita nenhum ser humano tem poder sobre você. Nesse espaço, você está verdadeiramente livre. Nem mesmo o medo consegue invadir esse espaço do silêncio. Aqui você está livre de todo medo.

Ansgar Stüfe

A sensação de medo é gerada no cérebro. Determinadas partes do cérebro são especializadas em nos transmitir a sensação de ameaça. Mas elas precisam ser ativadas por estímulos específicos. Nos animais, muitos desses estímulos já parecem estar "programados". Por isso, eles reagem com medo a determinados barulhos e cheiros. Na natureza africana podemos observar isso: quando gazelas sentem o cheiro de leões, elas correm imediatamente. Alguns pássaros saem voando quando veem uma fera e emitem sons de alerta. Esses sons provocam medo e fuga em outros animais que são ameaçados pela fera. O medo é, portanto, primariamente um instrumento de proteção.

Ainda não sabemos com certeza quais gatilhos de medo são inatos ao ser humano. A maioria, porém, é formada pela experiência de vida. Uma das minhas tias era costureira e dona de um grande ateliê. Lá havia tesouras e ferros de passar roupa; ou seja, objetos perigosos para crianças. Mas os muitos sobrinhos e sobrinhas, aos quais eu pertencia, não tinham medo algum de tesouras e ferros de passar roupa. Na época, minha tia me disse que era totalmente inútil alertar as crianças sobre o perigo. Elas só passarão a ter medo quando se queimarem ou se cortarem. Esse é um bom exemplo de como o medo é criado para nos proteger.

Mas o ser humano tem medo não só de perigos reais. Muitas pessoas vivem com medo do desconhecido ou de outras coisas completamente inofensivas. Camundongos certamente são animais inofensivos. Mas assim que aparece um camundongo, algumas pessoas saem correndo ou pulam numa cadeira. Em casos assim, trata-se muitas vezes de experiências da infância que provocaram medo. Como podemos lidar com isso?

Há uma teoria que afirma que todo ser humano se assusta ou tem nojo de um animal pequeno ou de um inseto. Nesse caso, é preciso evitar esse animal. Mas quando o medo do animal se torna constante, é preciso fazer algo. Um exemplo é o medo de altura. Muitas pessoas não conseguem olhar para baixo quando estão numa escada. Evidentemente, isso dificulta bastante o seu dia a dia. A vida de Johann Wolfgang von Goethe, o famoso autor alemão dos séculos XVIII e XIX, dá-nos o exemplo de como lidar com o fato. Ele descreve isso em suas memórias: *Poesia e verdade*. Quando era jovem, ele tinha muito medo de altura. Na época, estudava em Estrasburgo e tentou escalar a torre da catedral. Ele não conseguiu chegar longe, teve que se sentar num degrau e fechar os olhos, e isso o deixou frustrado. Ele queria chegar ao topo da torre! Na segunda tentativa, subiu a escadaria de olhos fechados, sentando-se novamente para não cair. Depois abriu os olhos e permaneceu assim durante algum tempo. Ele repetiu isso vários dias seguidos. Aos poucos, conseguiu suportar a visão aérea por mais tempo. Passadas algumas semanas, conseguiu alcançar o topo da torre. Mais tarde, Goethe escalou montanhas altas sem maiores problemas.

Esse exemplo é a primeira terapia comportamental documentada na literatura. Podemos aprender a controlar muitos medos com a ajuda de determinados exercícios, e isso aumenta a qualidade de vida. Muitas vezes não conseguimos fazer isso sozinhos, precisando de ajuda profissional. Mas normalmente é possível curar esses medos.

Porém, há pessoas que são atormentadas por um número de medos muito maior. Muitas vezes, elas projetam esses medos sobre os problemas comuns e então não conseguem mais lidar com a vida. Um desses medos é o medo de estrangeiros, a xenofobia. Essas pessoas afirmam que têm medo de viver com estrangeiros em seu país e se sentem ameaçadas em sua cultura. Em círculos católicos, algumas afirmam que, em 2050, a catedral de Santo Estêvão em Viena será uma mesquita muçulmana. Isso desperta um medo em muitas pessoas que é evocado sempre que veem uma mulher com véu. Essas pessoas reagem como gazelas que sentem o cheiro de um leão. Argumentos racionais costumam não ajudar muito. Na maioria dos casos, o gatilho verdadeiro é algo mais profundo. Essas pessoas só podem receber ajuda se conversarem com um interlocutor. Elas precisam identificar seu medo e encontrar suas causas.

Alguém que experimentou pouca segurança em sua infância e nunca vivenciou como um perigo deve ser enfrentado corre um risco especialmente grande. Medos profundos se manifestam. Trata-se de medos que afetam toda a existência. Para essas pessoas, a mensagem de Jesus pode ser uma ajuda especialmente grande. Não tenhais medo! é sua mensagem principal. É profundamente trágico quando cristãos piedosos têm medo de estrangeiros. Há algo de errado com toda a sua imagem de Deus.

Em minha infância tive uma experiência que me marcou profundamente: estavam removendo antigas ilustrações de nossa paróquia. Haviam sido utilizadas nas aulas de religião, mas não correspondiam mais aos padrões daquele tempo. Eu tinha 6 anos de idade e, curioso, fiquei andando entre elas. Observei uma que estava encostada numa parede e cujo tamanho correspondia mais ou menos à minha altura na época. Ela representava a morte do homem rico e do homem pobre. O homem pobre morreu cercado de sua família, rezando por ele. No alto, o céu se abria e anjos desciam para receber sua alma. Longe daquela cena familiar havia um pequeno diabo que não tinha chance alguma de conquistar aquela alma. Como era diferente a morte do homem rico. Ele estava sozinho, deitado em sua cama. No quarto havia pilhas de dinheiro. Aos pés da cama já ardia um fogo, que representava o inferno. Aos pequenos anjos só restava fugir. Como o pequeno diabo do outro lado, eles não tinham chance alguma de conquistar sua alma.

A representação do inferno me impressionou muito mais do que a imagem do céu. No meio da noite, acordei cheio de medo. Estava convencido de que o diabo estava sentado em meu cobertor e que me agarraria. De repente, meu pai apareceu no quarto. Eu devo ter gritado de medo. Eu contei a ele o que estava acontecendo. Sábio como era, ele não me deu grandes explicações; apenas disse: "Agora você vai rezar um Pai-nosso e uma Ave-Maria, e o diabo não poderá fazer nada com você". Eu segui seu conselho, e nunca mais na minha vida voltei a ter medo de coisas imaginárias. Esse exemplo mostra que explicações são inúteis. O que necessitamos são meios para combater o medo.

QUANDO
estou doente

Anselm Grün

Alguns já ficam mal-humorados quando pegam um resfriado. Ou ficam com pena de si mesmos quando uma gripe os obriga a ficar de cama. Eu também não gosto de ficar doente. Eu me irrito quando pego um resfriado e sou obrigado a ficar limpando o nariz. Isso é desagradável. Mesmo sabendo que isso é algo passageiro, eu tenho pena de mim mesmo ou me irrito. Um pouquinho de humor ajudaria a não levar tão a sério o meu resfriado. Também posso aceitá-lo como um convite para parar um pouco, dormir um pouco mais e permitir que eu esteja um pouco fraco no momento e que não tenha vontade de trabalhar.

Evidentemente, também existem doenças que nos oprimem. É como se elas dominassem o corpo inteiro, tirando nossa energia para qualquer outra coisa. Nós não temos vontade de fazer nada. No pior dos casos, os planos que temos para a nossa vida são destruídos pela doença. Não sabemos como continuar. Não sabemos se nos recuperaremos ou se a doença nos dominará para sempre. Não sabemos o que fazer, estamos totalmente absorvidos pela doença, pelas dores e por aquilo que o médico nos diz sobre nossa perspectiva de cura. Duvidamos se o médico nos diz a verdade ou se a nossa doença não é pior do que ele quer admitir. Nós nos sentimos fracos, não temos vontade de fazer nada. Até a comida perdeu o gosto. Ficamos deitados na cama e estamos decepcionados por termos ficado doente. Acreditávamos estar levando uma vida saudável e estar no caminho certo, psíquica e espiritualmente. Mas agora estamos nas garras da doença. Não sabemos por que, mas procuramos alguma explicação. Assim, acabamos culpando a nós mesmos pela doença, e isso nos enfraquece ainda mais. Inconscientemente, nós nos acusamos de provocá-la. Onde encontramos consolo numa situação assim?

Para mim, é a história da cura do paralítico no Evangelho de João. Ela nos apresenta a um homem que é paralítico e que estava doente há 38 anos. O número 38 remete a outra história no Antigo Testamento, ao êxodo dos israelitas. Eles ficaram caminhando pelo deserto durante quarenta anos para chegar à Terra Prometida, à terra em que estariam livres e onde poderiam se desenvolver. Na verdade, eles tinham alcançado seu destino após dois anos. Mas por terem se revoltado contra Deus, tiveram que permanecer no deserto por mais 38 anos, até que todos os homens capazes de lutar tivessem morrido (cf. Dt 2,14). Portanto, o homem doente aqui no Evangelho de João perdeu todas as suas armas, por assim dizer. Ele não consegue se defender contra os ataques, leva todos os olhares ou palavras críticos para o lado pessoal. Ele não consegue se proteger. Essa é uma parte de sua doença. Jesus cura esse homem em quatro passos:

Primeiro passo: Ele olha para o doente, e assim lhe dá dignidade. Segundo passo: Ele reconhece a razão de sua doença; Ele o entende. Terceiro passo: Ele pergunta: "Queres ficar curado?" (Jo 5,6). Acreditamos que todos querem ser curados. Mas, às vezes, preferimos continuar doentes. Pois quando somos curados, precisamos encarar a vida e assumir responsabilidade. Esse homem enfermo responde de forma muito indireta. Ele não afirma que realmente deseja ser curado. Ele só se queixa de não ter ninguém que cuida dele, que ninguém tem tempo para ele; que as pessoas não conversam com ele; todos os outros têm uma vida melhor. Quarto passo: Jesus responde a essas queixas não com pena, mas o confronta: "Levanta-te, toma o teu leito e anda!" (Jo 5,8). Esta é uma palavra de consolo para mim em minha doença. Devo "tomar o leito", a minha doença, que me prende à minha cama, e seguir o meu caminho. A doença não deve me impedir de viver. Podemos interpretar a imagem da cama também de outra forma. O leito são as minhas dúvidas e os meus medos, as minhas inseguranças e meus bloqueios, meus padrões neuróticos que me impedem de viver. Queremos nos livrar de tudo isso, da mesma forma como queremos nos livrar da doença, ficar livres dela. Mas a cura consiste em tomar o "leito" e seguir caminho. Isso significa: não devemos permitir que a doença e nossos padrões neuróticos nos paralisem, prendam-nos à cama. Devemos tomar tudo isso e seguir o nosso caminho, o caminho com Deus, o caminho da confiança e da esperança.

O que queremos fazer é nos livrar da cama. Mas Jesus nos encoraja a tomá-la; isto é, aceitar a nossa doença, mas não permitir que ela nos determine. Devemos nos levantar com a nossa doença e viver a nossa vida. Podemos viver com a doença sem que ela determine e defina tudo.

Quando aceitamos a doença, ela perde força e deixa de obstruir o nosso caminho. Quando isso acontece, nosso olhar não permanece fixado numa cura que talvez nos livre de todos os sintomas. Podemos também viver com os sintomas, sem que eles limitem nossa vivacidade, amor e esperança.

Ansgar Stüfe

A epidemia causada pelo Coronavírus nos pegou de surpresa. A humanidade inteira foi acometida. Um novo vírus desconhecido havia aparecido, causando um quadro clínico totalmente novo. As estruturas médicas existentes foram afetadas fortemente e, em muitos países, não conseguiram dar conta do imenso número de casos. De repente, essa epidemia evidenciou que nós temos uma imagem errada de doença e morte. Nós pensávamos: algo assim não pode mais acontecer hoje em dia. E mesmo que aconteça, logo existirá um remédio para nos curar. Nada disso é verdade. Sempre existe a possibilidade de uma doença surgir que nos deixa impotentes e sem meios para combatê-la. Nós deveríamos nos preparar para isso. Doenças de pouca duração e relativamente inofensivas podem servir como uma escola que nos ensina a lidar com outras maiores e prolongadas.

Crianças costumam pegar um resfriado até oito vezes por ano, os adultos, umas duas vezes. E como as pessoas reclamam! De repente, não conseguem mais falar porque as cordas vocais se inflamam. Se você for ao teatro ou a um concerto com uma tosse, sente praticamente na pele a irritação com que as pessoas reagem. Algumas chegam até a pedir que você se retire do local. Esse tipo de doenças leves e inofensivas podem ter consequências sociais consideráveis. Isso se deve à postura da nossa sociedade, para a qual só deveriam existir pessoas saudáveis. Doentes devem ser curados rapidamente e não precisam ficar em casa muito tempo para se curar. Afinal de contas, bastaria um pouco de força de vontade para reprimir um espirro ou uma tosse! As estatísticas sobre ausências no trabalho devido a alguma doença recebem comentários ácidos.

Na verdade, porém, essas doenças frequentes, mas relativamente inofensivas, poderiam ser um bom exercício para doenças mais graves. Todos nós deveríamos estar cientes de que um vírus pode invadir o nosso corpo a qualquer momento. Nem um estilo de vida saudável, nem atividades físicas, nem a melhor alimentação podem evitar esse tipo de infecção. É claro que, quando nos sentimos bem, não pensamos em doenças. Participamos de reuniões e lotamos a nossa agenda. Não deixamos espaço para nenhum evento imprevisto.

O mesmo aconteceu comigo: eu havia marcado um compromisso. Devido a distância, escolhi viajar de trem. Para economizar, comprei uma passagem promocional. Como fiquei irritado comigo mesmo quando, por causa de uma gripe, tive que desmarcar a reunião e não recebi o reembolso pela passagem, por ter sido uma promoção! Esse exemplo mostra que as estruturas da nossa vida não permitem que adoeçamos.

No entanto, acredito que nós devemos nos preparar para o fato de que doenças sempre podem influenciar e até mesmo bagunçar a nossa vida. Devemos aproveitar essas doenças frequentes e um pouco desagradáveis para aprender essa postura sem nos irritarmos. Afinal de contas, a doença é parte da vida. Devemos nos lembrar desse fato não só na cabeça, mas alojá-lo em nosso coração.

Mas todos nós sabemos que o resfriado não é a única doença que acomete o ser humano. Doenças podem se tornar acompanhantes constantes da nossa vida, principalmente quando se tornam crônicas. Ao longo dos últimos anos os cientistas desenvolveram muitos remédios e métodos de tratamento. Hoje em dia ninguém precisa mais suportar as mesmas dores que os nossos antepassados sentiram. Muitas vezes, porém, a doença permanece e limita as funções vitais. Um reumatismo crônico pode resultar em uma deficiência permanente. Tenho um respeito profundo por pessoas que sofrem disso. Muitas desenvolvem uma grande força interior para lidar com a doença crônica ou são fortalecidas de modo especial quando entram em contato com as práticas religiosas. Não se trata de pedirmos cura para essas doenças. Trata-se, antes, de nos conscientizarmos de que Deus está do lado daqueles que sofrem. Sim, Jesus até chega a ameaçar os saudáveis, quando diz: "Ai de vós, os sorridentes de agora". Assim, Ele instrui os saudáveis a cuidar e ajudar os enfermos.

Durante minha atividade na África, as pessoas com alguma deficiência me surpreenderam muitas vezes. Lá, há muitos que estão paralisados desde a infância e rastejam pelo chão. Os sortudos têm uma cadeira de rodas. Mas quase todos fazem um esforço enorme para se sustentarem sozinhos. Muitas vezes trabalham mais e são mais ricos do que seus conterrâneos saudáveis. Eu sentia vergonha quando me queixava por causa de algum incômodo menor.

Ou seja: quando adoecemos, não precisamos pensar logo na morte, mas devemos aproveitar os frequentes distúrbios físicos para reconhecer a nossa fragilidade. Assim, as doenças podem servir para gerar gratidão pelos dias de saúde. Embora não sendo a coisa mais importante na vida, ela é um presente não merecido.

E, em dias saudáveis, pensemos sempre naqueles seres humanos que nunca mais voltarão a ser saudáveis. Tomemos a doença como lição de vida.

QUANDO
me sinto magoado

Anselm Grün

Frequentemente fazemos a experiência de sermos magoados com suas palavras. Há pessoas que conhecem nossos pontos fracos e reabrem as cicatrizes. Mas palavras não são as únicas coisas capazes de nos magoar. Às vezes nos sentimos magoados quando alguém nos ignora ou nos dá a entender que não somos importantes, ou quando a nossa opinião é simplesmente ignorada num grupo e os outros agem como se não tivéssemos dito nada. Por isso, algumas pessoas têm medo de participar de grupos. Elas não querem ser magoadas ou feridas por olhares maliciosos.

A Bíblia também conhece palavras que magoam e ferem. Ela fala, por exemplo, de Ana, esposa de Elcana, que era infértil. Por isso, Elcana se casou com uma segunda mulher: Fenana. Ela teve filhos e "a magoava continuamente, humilhando-a pelo fato de o SENHOR tê-la tornado estéril" (1Sm 1,6). Ana sofria com sua infertilidade. Quando Fenana zombava dela, isso lhe doía muito. Abria novamente a ferida da infertilidade. E assim, cheia de dor, Ana se volta para Deus. Deus ouve a sua oração e lhe dá um filho: Samuel, o mesmo que, mais tarde, viria a ser um grande profeta.

O Livro dos Provérbios conhece o efeito nocivo de algumas palavras: "As palavras de alguns ferem como espada" (Pr 12,18). As feridas que um caluniador causa são graves. Assim adverte o mestre da sabedoria Jesus Ben Sirá: "Não introduzas qualquer um em tua casa, porque são numerosas as ciladas do espertalhão" (Eclo 11,29). A ferida dói ainda mais quando é causada por alguém a quem confiamos algo e espalha o fato. Jesus Ben Sirá chega até a acreditar que essa ferida não tem cura: "Um ferimento pode ser tratado; após a injúria pode haver reconciliação; mas para quem traiu segredos não há mais esperança" (Eclo 27,21).

Uma mulher me contou que havia confiado algo a um padre durante um aconselhamento. Pouco tempo depois, conversou com um confrade desse padre. Este mencionou algo que só poderia ter ouvido do outro padre. A mulher ficou profundamente magoada. Dói quando revelo algo a alguém em quem confio e ele não guarda aquilo para si.

É igualmente doloroso quando um amigo me decepciona e magoa. O salmista fala dessa experiência quando ora a Deus: "Não é um inimigo que me insulta: eu o suportaria; não é um adversário que se levanta contra mim: eu me esconderia dele; mas és tu, homem de minha condição, meu amigo e confidente. Juntos partilhávamos doce intimidade; em meio à multidão passeávamos na casa de Deus" (Sl 55,13-15). Quando um amigo de repente se volta contra mim, mal consigo me defender dele, e a ferida causada é tão profunda que demora a ser curada.

Diante de tais feridas, posso recitar palavras da promessa e permitir que o amor de Deus as lave. Elas continuarão a doer, mas talvez se transformem ao longo do tempo. Quando confronto a ferida com uma palavra da Bíblia, isso não aumenta a dor por eu estar falando dela; ao contrário, eu tenho algo que posso contrapor a ela. Isso pode transformar e curar a ferida aos poucos.

Talvez este versículo possa ser um consolador nessa situação: "Porque eu te aplicarei o remédio, curarei tuas chagas – oráculo do SENHOR –, pois te chamaram 'a repudiada', por quem ninguém pergunta" (Jr 30,17). Quando medito sobre essas palavras – não racional, mas emocionalmente – elas podem penetrar a minha ferida. Eu ainda sinto a ferida, mas a dor diminui. Talvez eu perceba em minha ferida algo do amor que, por meio dessas palavras da

Bíblia, flui para dentro de mim. Palavras consoladoras também podem ser aquelas que o Profeta Jeremias dirigiu àqueles que estavam retornando do cativeiro: "Eu te amei com um amor eterno, por isso conservei amor por ti. Eu te construirei de novo e serás reconstruída, virgem de Israel. Com tamborins enfeitados, ainda sairás em meio a danças alegres" (Jr 31,3-4).

Posso meditar sobre estas palavras no contexto dos meus ferimentos e das minhas mágoas e perguntar a mim mesmo: Se isso é verdade, se essas palavras realmente forem as palavras de Deus e a verdade autêntica, como eu me sinto? Como estou? Como eu me vivencio? Eu não afasto a dor com essas palavras de consolo. Mas permito que elas penetrem as minhas feridas, observando o que elas fazem comigo. Mas é importante que eu as entenda não só como palavras externas, mas como palavras que Deus dirige a mim pessoalmente no momento, na situação em que me encontro. Eu confio em meu anseio de que essas palavras sejam verdadeiras, que elas sejam a verdade autêntica, mais verdadeira do que as imagens que tenho de mim mesmo, mais verdadeiras do que os sentimentos dolorosos causados pelas palavras caluniadoras de outras pessoas.

Ansgar Stüfe

Infelizmente, mágoas e ferimentos fazem parte do nosso dia a dia. No local de trabalho, pessoas com habilidades e preferências diferentes são obrigadas a cooperar para trabalhar e resolver problemas. Muitas vezes, porém, as opiniões se dividem. Em teoria, seria possível concentrar-se nos fatos objetivos e discutir sobre o melhor caminho para resolver determinada situação. Mas basta surgir um problema que igualmente surgem conflitos, porque parte dos funcionários se sente agredida quando o problema é apontado. Podemos ver isso com a ajuda de pequenos exemplos.

Num escritório, uma transferência de dinheiro não estava dando certo. Todos os dados estavam corretos, mas o computador se recusava a executar a instrução. A funcionária informou o contador. Este, porém, não refletiu sobre o problema, mas se sentiu atacado por estar usando sistemas que não funcionam. Ele se irritou muito com a funcionária, exigindo que ela se desculpasse por ter lhe apresentado o problema. Depois de muitas discussões, descobriram que nem mesmo o contador conseguia fazer a transferência. Só então começaram a investigar as possíveis causas do problema. Depois de algum tempo, constataram que o programa que usavam para as transferências não era atualizado há dois anos. Mas a funcionária indagou isso várias vezes. Disseram-lhe que isso não era necessário. Agora ela se sentia magoada. Diante de um problema, a primeira coisa que a pessoa responsável fez foi atacá-la e exigir uma desculpa. Quando a causa do problema foi descoberta, ele não se desculpou com a funcionária.

Esse tipo de ocorrência pode envenenar o convívio e até tornar inviável a cooperação. O importante é conversar sobre o problema. É preciso esclarecer por que o contador reagiu de forma tão agressiva. No entanto, é possível que ele considere o seu comportamento como totalmente adequado e descreva a funcionária como excessivamente sensível. A solução consiste em pedir a todos que não acessem o nível emocional já numa fase inicial. Problemas objetivos precisam ser tratados no nível objetivo. Quando digo que alguém é incapaz sem poder basear minha acusação com fatos objetivos, o conflito é inevitável. Quando o problema é de natureza objetiva, devemos investir nossas emoções na paixão para solucionar o problema, e não em briga e ataques.

São Bento encoraja os seus monges a reconhecerem Jesus em seu confrade. É um padrão bastante alto. E essa postura em si ainda não basta para resolver conflitos. Por isso, São Bento escreve muito sobre soluções em casos de conflito. Em situações especialmente difíceis, ele recomenda que sejam convidados confrades experientes que não estão envolvidos no conflito. Eles funcionam de certa forma como moderadores. Quando as mágoas e os ferimentos são muito profundos devemos recorrer à ajuda de pessoas que não estão envolvidas. É preciso explicar ao agressor que, nessa situação, seus sentimentos não importam, mas que é preciso tratar dos sentimentos do agredido. Ele precisa aceitar isso, mesmo que não entenda. À primeira vista, essas mágoas no dia a dia parecem ser banais. Mas quando ocorrem com frequência e passam a dominar o clima, precisam ser tratadas.

Alguns desses conflitos, porém, podem causar ferimentos profundos e duradouros. Fiquei remoendo por muito tempo uma experiência que tive no ensino médio. O professor estava corrigindo provas. Pegou a minha, sem dizer o nome. Eu havia traduzido uma frase de forma errada. O correto seria: "As pessoas jogaram escarro nas estátuas". Eu não entendi o significado, apesar de reconhecer corretamente as palavras. Então traduzi: "Eles destruíram seus rostos". Eu sabia que existia esse costume na Antiguidade: muitas vezes, os rostos de estátuas de pessoas odiadas pelo povo eram destruídos como expressão de desprezo. Nesse caso, porém, o significado era: "As pessoas cuspiram nos rostos". Na época, eu não conhecia o significado de "escarro". – Ironicamente, eu me tornei médico e tive que me ocupar com o diagnóstico de expectorações de doenças pulmonares. Na verdade, bastava àquele professor explicar o erro, mas ele abordou aquilo como algo inacreditável, dizendo que uma pessoa capaz de escrever algo assim não sofria apenas de falta de inteligência, mas tinha um raciocínio tão perturbado que deveria ser internada em hospital psiquiátrico. Literalmente disse: "O lugar dessa pessoa é o manicômio".

Já que meu nome não tinha sido mencionado e eu senti uma vergonha imensa, não me defendi. Assim, a mágoa permaneceu grudada em mim. Ela foi tão persistente que, durante muito tempo, realmente me senti incapaz de qualquer coisa. Cheguei a ficar surpreso quando passei no vestibular e consegui entrar na faculdade de medicina. Durante o curso, foram os sucessos constantes que me devolveram a autoconfiança.

A história teve uma continuação inesperada. Eu já era médico e estava de plantão num hospital. A central da Cruz Vermelha me ligou informando que estavam trazendo uma emergência, um homem que sofria de arritmia cardíaca. Era o meu antigo professor. Aquela experiência no ensino médio logo me veio à mente. Quando me apresentei, ele me disse que sentia uma gratidão enorme por tê-lo atendido. Ele nem se lembrava mais daquela ocorrência. Quando vi meu professor deitado diante de mim e tão impotente, a minha velha mágoa finalmente se dissolveu. Hoje, essa história nada mais é do que um episódio importante da minha vida que contribuiu para o meu amadurecimento. Infelizmente, nem todos têm a sorte de receber uma vida bem-sucedida em troca das mágoas sofridas. Muitos perdem toda a coragem e autoconfiança para sempre.

Com base em minha própria experiência, eu só posso dar o conselho de descobrir as suas próprias qualidades. Cada ser humano possui pontos fortes. Em toda a minha vida nunca conheci alguém que não tivesse nenhuma qualidade ou habilidade. Quando descobrimos e desenvolvemos nossas qualidades podemos superar os ferimentos e as mágoas. Nós nos tornamos fortes internamente, e assim passamos a ter uma força maior, que então se transforma em remédio para tratar as feridas.

Em minha profissão aprendi a resolver problemas e a encontrar as causas de doenças. Isso me deu a oportunidade de aplicar conhecimento de forma bem-sucedida. Nesse tempo, também aprendi que minha estabilidade psíquica era muito maior do que a do meu professor. Esse tipo de conhecimento também ajuda. Mas outra coisa também é evidente: o consolo para esse tipo de feridas e mágoas, que precisa de muito tempo. Não é um ferimento banal. Não adianta tratar a ferida só falando dela o tempo todo. É preciso desenvolver forças curadoras interiores. Recebemos a força necessária para isso também por meio da oração. Quando nos lembramos de forças que nos transcendem, isso fortalece as nossas próprias forças de cura. Felizes são as pessoas que têm acesso ao mundo espiritual e ao mundo psíquico.

QUANDO
me sinto desvalorizado

Anselm Grün

Em sessões de aconselhamento as pessoas me contam muitas vezes como foram menosprezadas quando eram crianças. Ouviam sempre palavras como: "Você não consegue fazer isso". "Você é lento demais". "Você é mau". "Você é um diabo". "Você nunca terá sucesso na vida". Uma mulher me contou que o seu pai lhe dizia o tempo todo: "Você é inútil". "Você não presta". "Você não merece ser alimentada por nós". Essas palavras grudam na alma. Na idade adulta, muitas pessoas que tiveram essas experiências se tornam muito sensíveis quando ouvem palavras críticas. Não conseguem aceitar a crítica e voltam a sentir aquele mesmo desprezo e, por isso, se sentem rejeitadas, desvalorizadas, humilhadas.

Mas também ocorrem outras situações, quando somos desvalorizados hoje em dia. Quando alguém é acusado de algo em público dificilmente consegue se defender. As mídias exploram isso e atacam a pessoa de muitas formas, e não importa se as acusações são falsas ou verdadeiras. Os leitores têm a impressão: deve ter alguma verdade nisso tudo. Muitas vezes, a pessoa acusada não pode mais sair de casa porque é xingada pelas pessoas que encontra na rua.

Walter Kohl, filho de Helmut Kohl, ex-chanceler da Alemanha, contou: quando o escândalo de propinas na União Democrata Cristã alcançou seu auge na década de 1990, ele e seu irmão não tinham mais qualquer chance na Alemanha. Ninguém queria mais se envolver com eles, mesmo aqueles que não tiveram qualquer participação no escândalo. O nome "Kohl" estava marcado. Na época, as empresas nem aceitavam seus currículos quando procuravam um emprego. Tiveram de reconstruir sua vida; um deles no exterior, o outro na Alemanha. O caminho para sair dessa desvalorização é longo e doloroso. Walter Kohl percorreu-o escrevendo um livro sobre sua infância e seu desenvolvimento. Mas apresentar-se ao público dessa forma exigiu muita coragem.

Conheci Jörg Kachelmann, que trabalha como apresentador no Canal Riverboat° em Leipzig. Eu tinha lido nos jornais que ele havia sido acusado de estuprar uma mulher. Inicialmente, senti dificuldade de cumprimentá-lo. Porém, o encontro foi muito agradável; em nossa conversa senti nele o *ser humano*. Só depois do nosso encontro fiquei sabendo que ele foi inocentado de todas as acusações. Percebi em mim mesmo que as reportagens haviam me levado ao preconceito. Tentei perceber como ele havia se sentido quando foi acusado publicamente e todos os canais de televisão passaram a tratá-lo como uma pessoa indesejada? É preciso muita autoconfiança para voltar a se mostrar em público depois de uma depreciação pública.

Quando reflito sobre essas situações de depreciação, eu me pergunto: Que remédio de consolo essa pessoa poderia encontrar em nossa farmácia? Então me lembrei do início do capítulo 43 do Profeta Isaías: "Mas agora assim fala o SENHOR que te criou, ó Jacó, e te formou, ó Israel: Não tenhas medo, pois eu te resgatei, chamei-te pelo nome, tu és meu! Se tiveres de passar pela água, estarei a teu lado, se tiveres de varar rios, eles não te submergirão. Se andares pelo fogo, não serás chamuscado, e as labaredas não te queimarão. Pois eu sou o SENHOR teu Deus, o Santo de Israel, teu Salvador" (Is 43,1-3).

Quando recito estas palavras numa situação de depreciação que eu vivenciei, eu a vejo com olhos diferentes. Já o primeiro versículo abre meus olhos para o fato de que as pessoas podem ter me desprezado, mas que isso é o caminho pelo qual Deus me transforma. Ele me forma e reforma da mesma maneira como reformou Jacó, no Antigo Testamento, dando-lhe um novo nome: Israel. Deus transforma aquele que até agora se tornou um guerreiro na vida, enfrentando seus altos e baixos (Gn 32,23-33). A desvalorização não me prejudicará; pelo contrário, ela me transforma em pessoa madura que, como Jacó, ferido na coxa, atravessou a vida de outra forma: mais lento, com mais cuidado e mais atenção.

O versículo seguinte me diz: eu não pertenço às pessoas que me menosprezam. Eu pertenço a Deus. Eu aceito o julgamento de Deus, mas não o julgamento das pessoas. Quando eu pertenço a Deus as pessoas não têm poder sobre mim. Isaías expressa isso com duas imagens. A primeira é a água. Não importa quantas ondas de calúnia se quebrem sobre mim, não importa quantas ondas de ódio ou inveja me inundem: eu não afundarei. A água representa o inconsciente. Quando as pessoas me menosprezam por causa de um suposto erro, o inconsciente irrompe nelas. Aquilo que tinha permanecido reprimido até agora apareceu de repente, e elas me difamam. No fim das contas, estão falando de si mesmas. Mas eu não afundarei nessas ondas. A outra imagem é a do fogo: quando passo pelo fogo das agressões, vindas de todos os lados, ele não me queimará. Eu as percebo e reconheço, mas elas não me queimarão.

Essas palavras de consolo não anulam a depreciação por outras pessoas. Mas elas me oferecem apoio e fortalecem. Eu posso me agarrar a elas. Evidentemente não basta lê-las uma vez e refletir um pouco sobre elas. Eu recomendo que você faça uma longa caminhada e fique recitando os versículos. Assim, aos poucos, elas ficam gravadas e expulsam as palavras de menosprezo. Então não afundarei em autocomiseração por causa da depreciação, e as agressões que me atacam não me transformarão numa pessoa agressiva ou depressiva. Vivencio Deus como um escudo de proteção, impedindo que as agressões me atinjam e me protegendo.

Ansgar Stüfe

O valor próprio de um ser humano depende de sua percepção. Quando alguém diminui esse valor consciente ou inconscientemente, nós nos sentimos mal. Muitas vezes, bastam algumas poucas palavras. Um exemplo: durante um tempo, trabalhei no setor de raio X. Esse setor era dirigido por uma mulher. Era uma profissional excelente e uma mulher muito amável, mas sofria quando alguém não levava a sério seu *status* e seu conhecimento em medicina. Certa vez, ela examinou um paciente. Em seguida, ele foi colocado numa maca para ser levado para a enfermaria. De repente, precisou ir ao banheiro. Então disse à médica: "Enfermeira, preciso de sua ajuda para ir ao banheiro". Ela reagiu com agressividade: "Eu sou a médica-chefe, a Dra. Gudrun Schindler. O senhor pode se levantar sozinho", e saiu da sala. O paciente nem entendeu o que tinha feito de errado e pediu ajuda a outra pessoa.

A situação mostra que, ainda hoje, muitas mulheres têm a impressão de não serem valorizadas pelo fato de serem mulheres. – Aquele paciente simplesmente não conseguia imaginar uma mulher como médica-chefe. Sempre é importante nos perguntarmos em que se baseia a visão do nosso valor. Muitas vezes permitimos que avaliações de estranhos nos influenciem. Porém, o importante é reconhecermos nosso próprio valor. Eu sou quem eu sou, costumamos dizer. Portanto, o que realmente deveria importar é o ser, não o *status* ou o reconhecimento que recebemos de outros.

Quando fiz meus votos religiosos, o jornal da diocese publicou um artigo sobre isso, identificando-me como Monge Ansgar Stüfe. Quando reencontrei meu pai, ele me contou que um de seus colegas se irritou com o jornal por não ter mencionado o meu doutorado, que disse: "Eles nem permitem que ele fique com seu título de doutor!" Ele estava acusando a direção do mosteiro de humilhar os seus monges intencionalmente e de suprimir seus títulos acadêmicos. É claro que isso não é verídico. Tanto no mosteiro como na família seria muito estranho sermos chamados por nosso título. O colega do meu pai tinha uma visão de valor que dependia totalmente de fatos externos. Eu sempre estranhei isso.

Porém, há ataques verdadeiros ao valor de um ser humano. Por trás disso está a necessidade de aumentar seu valor próprio diminuindo o outro. A comparação com pessoas que supostamente valem menos do que eu pode gerar uma grande satisfação. Para alcançar esse objetivo, desenvolvo padrões externos que se baseiam em pura ficção.

Durante os muitos anos em que trabalhei na África, recebi muitos visitantes da Europa. Alguns vinham com opiniões pré-formadas sobre a África, e procuravam exemplos que confirmavam suas opiniões. Certa vez, quando levava uma pessoa do aeroporto para a cidade, ela percebeu grupos de pessoas paradas à beira da estrada, e me perguntou: "Então é verdade que os africanos não gostam de trabalhar?" A princípio, eu não entendi de onde ela havia tirado aquela ideia, perguntando-lhe o que estava tentando dizer. Ela respondeu que o fato era evidente, vendo tantas pessoas à beira da estrada sem fazer nada. Eu lhe expliquei que eram pessoas que estavam esperando o ônibus. Numa cidade como Dar es Salaam não existem apenas paradas de ônibus oficiais. Nas saídas das fábricas havia muitas pessoas, e as vans param onde há pessoas. Eu chamei sua atenção para o fato de que, na Alemanha, as pessoas que esperam o ônibus se comportam da mesma forma. O preconceito de alguns visitantes era tão forte, que eles não acreditavam em minhas explicações.

A depreciação de pessoas em outras culturas é provocada por pulsões profundamente alojadas. Os seres humanos se organizam primeiro em famílias e associações familiares. Essas foram as estruturas de sobrevivência de sociedades antigas. Todos os que não faziam parte da família valiam menos. Essa estrutura primordial continua muito viva na África por causa da extensão imensa do continente. Os africanos de tribos diferentes ficam desprezando os outros o tempo todo. Ouvi comentários desdenhosos sobre outras tribos em inúmeras conversas. Por isso, os racistas europeus têm jogo fácil de justificar sua postura na cultura africana.

Nessa valorização do próprio clã se esconde um grande problema da humanidade. Os ensinamentos de Jesus são diametralmente opostos a isso. De acordo com as declarações dele, todos os seres humanos são iguais, porque todos são irmãs e irmãos uns dos outros. Jesus se distanciou da estrutura familiar de seu tempo com palavras que não poderiam ter sido mais claras. Quando foi informado que sua mãe e sua família estavam à porta e queriam falar com Ele, Jesus apontou para as pessoas à sua volta e disse: "Estes são minha mãe, minhas irmãs e meus irmãos".

Se levássemos a sério esse ensinamento de Jesus não poderíamos mais menosprezar o valor de outras pessoas. E nosso valor próprio não dependeria mais de um título acadêmico, se somos alemães ou africanos, homem ou mulher. Nossa mera existência gera nosso valor. Deveríamos nos lembrar disso todas as noites antes de dormir, quando avaliamos o dia que acabamos de viver.

QUANDO
tenho pena de mim mesmo

Anselm Grün

Há pessoas que sempre reclamam. Quando estão resfriadas se fazem de coitadas e têm pena de si mesmas. É claro que nenhum de nós gosta de pegar um resfriado. É desagradável quando o nariz não para de escorrer e somos obrigados a limpar o nariz o tempo todo. Mas há pessoas que transformam isso num drama e se afundam em autocomiseração. Ficam girando em torno de si mesmas e não conseguem romper esse ciclo vicioso.

Alguns têm pena de si mesmos sem que nós, como observadores externos, possamos identificar uma razão. Eles reclamam porque tudo é tão difícil. Quando perguntamos como se sentem, eles respondem: "Ah, a vida não é fácil quando se tem filhos. E o trabalho é tão exaustivo. A vida realmente não é fácil". Às vezes, quando ouvimos isso, tentamos não sorrir. Pois não importa quando perguntamos pelo seu bem-estar, as coisas nunca estão bem, sempre há alguma coisa que dificulta a vida e estraga o prazer de viver. Temos a impressão de que, mesmo quando tudo parece estar bem na vida, essas pessoas sempre procuram algum motivo para se queixar das coisas difíceis.

Quando alguém tem tanta pena de si mesmo, eu não lhe daria logo uma palavra bíblica para meditar. Eu responderia com humor para que ele pudesse se distanciar de maneira leve de suas lamúrias. Primeiro, eu o confirmaria em suas queixas: "Sim, a vida realmente é difícil. Mas eu não a levo tão a sério. Assim, sinto-me melhor em relação a ela". É claro que não quero rir do outro, mas, ao reagir de maneira diferente, quero convidá-lo a assumir outro ponto de vista. Quando tento argumentar contra as suas palavras dizendo, por exemplo: "As coisas não são tão ruins assim. Tente permanecer firme e continue lutando", isso desencadeia uma discussão sem fim. A resposta seria: "Para você é fácil dizer isso. Sua vida é mais fácil. Mas a minha vida é difícil". Nossa conversa não sairia desse ponto e ficaríamos argumentando infinitamente. Não chegaríamos a lugar algum. Uma palavra bem-humorada ajuda a questionar o próprio ponto de vista.

Talvez uma palavra do Livro do Eclesiastes possa lhe ajudar a questionar seu ponto de vista: Coélet, o autor por vezes pessimista, mas também bem-humorado, diz: "Quem fica observando o vento jamais semeará; quem fica examinando as nuvens jamais colherá" (Ecl 11,4). É um provérbio que possui a força de nos mostrar um novo olhar. Ele me diz: se eu ficar olhando para o vento, se eu ficar pensando em tudo o que poderia acontecer, em tudo o que poderia acontecer comigo, não semearei no campo da minha vida. E nada crescerá no meu campo. Se eu ficar olhando para as nuvens que poderiam trazer chuva e estragar o meu passeio, eu me esqueço de colher os frutos do meu trabalho. Minha vida não produzirá nada. Contra essa visão negativa, o autor nos encoraja: "Segue os impulsos do coração e os atrativos dos olhos" (Ecl 11,9).

Não devemos ficar olhando para as nuvens que escurecem a nossa vida, mas simplesmente seguir o nosso coração e ir ao encontro daquilo que está diante dos nossos olhos. Devemos simplesmente fazer o que deve ser feito neste momento. Assim deixaremos de ter pena de nós mesmos. Estaremos em harmonia com o nosso coração e voltamos nosso olhar para aquilo que a vida nos oferece. Isso afugenta todas as queixas e lamúrias. O ponto de vista sombrio se esclarece quando sentimos o nosso coração e entramos em sintonia com ele.

Ansgar Stüfe

Autopiedade não goza de boa fama. Normalmente as pessoas que ficam reclamando de tudo o tempo todo não encontram solidariedade nas outras pessoas. Mas por que tantas gostam de se entregar à autopiedade mesmo assim? Uma pessoa que tem pena de si mesma responsabiliza circunstâncias externas e outras pessoas pelas dificuldades em sua vida. Assim, foge da responsabilidade de descobrir quais problemas são criados por ela mesma e quais problemas são devidos a fatores externos. Essas pessoas sentem um grande alívio quando podem culpar os outros pela própria infelicidade.

Certa vez, uma mulher se queixou numa conversa comigo por ter sido tratada de forma desrespeitosa durante uma conferência científica. Ela foi a única a não ser chamada para a foto do grupo. Ninguém a informara sobre a foto; não queriam que aparecesse na fotografia. Bem, eu sabia que essa senhora não gostava de ser fotografada, pois ela dizia isso para todo o mundo. Provavelmente, ela tinha se recusado a ser fotografada durante a conferência. Então, na hora de tirar a foto oficial do evento, ela não foi chamada. Lógico, não?! Uma análise cuidadosa mostra, portanto, que ela mesma provocou esse comportamento nos outros participantes. A pergunta que ela deveria ter feito a si mesma seria: Por que não gosto de ser fotografada? É possível que aqui se esconda um problema maior, um problema que ela não quer encarar.

Na verdade, ter pena de si mesmo é algo que pertence à infância e à juventude. Nessa idade, todos nós ainda nos sentimos inseguros e incompreendidos. Eu tinha um pai muito atento. Ao perceber que meus dentes eram tortos, levou-me ao ortodontista. O processo de fazer o molde dos dentes já foi humilhante. Senti ânsia de vômito, e a profissional, um tanto impaciente e impiedosa, continuou a exercer pressão sobre minha maxila inferior.

Quando comecei a regurgitar, ela gritou: "Controle-se e respire pelo nariz!" Tive de ficar olhando para o dorso da mão dela, que estava enfiado até a metade na minha boca. Ainda hoje lembro-me bem do pelo ruivo da mão dela. Depois recebi um aparelho. Na época, só as meninas usavam aparelhos. Assim, aos 11 anos de idade, eu me senti excluído da comunidade dos garotos da minha faixa etária.

Na mesma época, o médico da família constatou que eu tinha pés chatos, e por isso tive que usar palmilhas. Então fui a uma loja especializada e eles colocaram palmilhas transparentes em meus sapatos. Depois disso, caminhar doía mais do que antes.

Poucos meses mais tarde, minha visão enfraqueceu. O oftalmologista diagnosticou uma falha no desenvolvimento da córnea. Isso provocava uma distorção na percepção visual e só podia ser corrigido por lentes grossas. Assim, com lentes grossas, com aparelho na boca e incapaz de andar sem dor, não consegui segurar as lágrimas e chorei muito. Eu me derreti em autopiedade.

Faz parte do amadurecimento humano lidar com esse tipo de limitação. Depois de quatro anos, o aparelho se tornou supérfluo, eu simplesmente deixei de usar as palmilhas e aprendi a conviver com os óculos quando recebi um modelo moderno. Ao contar essa experiência a pessoas de minha idade, quase todas conseguem se lembrar de experiências semelhantes da época em que estavam em crescimento. A maioria fala dessas experiências com certa alegria e muito humor. Essas lembranças são importantes quando voltamos a sentir pena de nós mesmos. É um exercício fundamental em qualquer psicoterapia: devemos nos perguntar como lidamos com a autopiedade na época. Há pessoas que realmente nunca encararam e superaram problemas e que os reprimiram no inconsciente. Em situações parecidas, elas ainda reagem como na juventude. Assim, a autopiedade atual pode servir como oportunidade de explorar a profundeza da nossa alma. Em nossa tradição espiritual usamos os exercícios de Santo Inácio.

Com a orientação de um instrutor, passagens bíblicas podem nos ajudar a reconhecer as nossas fraquezas. Para mim, os exercícios individuais têm sido uma psicoterapia religiosa. Eles ajudaram a me livrar do pensamento centrado em mim mesmo e a perceber os problemas dos outros.

QUANDO
tudo parece dar errado

Anselm Grün

Há dias em que o mundo parece conspirar contra nós. Eu chego atrasado na estação de trem. Agitado e nervoso, espero o trem na plataforma errada. Diante dos meus olhos, o trem parte da outra plataforma. Depois, o trem seguinte se atrasa. E quando chega, está lotado e não encontro um lugar para me sentar. Quando coloco minha mala no chão, machuco a mão... Em dias assim, tenho a sensação: hoje tudo dá errado; nada dá certo. Irritado comigo mesmo, vivo na expectativa de que o dia continuará assim. Então percebo que esqueci o celular em casa, de modo que não posso ligar para o meu amigo que viria me pegar. Assim, sou obrigado a pegar um táxi, e o taxista me engana cobrando a mais.

Alguns dizem em situações assim: Parece que alguém lançou uma praga contra mim. É como se eu estivesse amaldiçoado. Isso afeta o nosso humor. Somos dominados por pensamentos negativos e esperamos o próximo infortúnio a qualquer instante. E muitas vezes os nossos pensamentos negativos se transformam em uma profecia autorrealizadora. É como se criássemos o próximo infortúnio com nossos pensamentos destrutivos.

É claro que não podemos determinar nosso futuro com os nossos pensamentos. Mas quando temos pensamentos negativos, vivenciamos aquilo que acontece conosco também como algo negativo. Quando algo assim acontece comigo, eu também sinto irritação dentro de mim. Mas então digo a mim mesmo:

minha irritação só piora tudo. As coisas são como são. Tento fazer o melhor da situação. Às vezes, então, as coisas mudam repentinamente. No trem, uma pessoa agradável se senta ao meu lado e nós conseguimos ter uma boa conversa. Ou eu encontro alguém que me ajuda quando o trem alcança seu destino. O importante é perceber o mau humor que surge em mim por causa dos infortúnios constantes e, ao mesmo tempo, aceitar o que está acontecendo. Então vivenciarei aquilo como algo menos grave. Pelo contrário, às vezes, o infortúnio se transforma então em sorte.

O poeta alemão Christian Morgenstern escreveu uma história que mostra como infortúnio e sorte podem ser parentes muito próximos: Certo dia, o único cavalo de um fazendeiro fugiu. Todas as pessoas disseram: "Que golpe do destino!" Mas o fazendeiro respondeu: "Quem disse que isso é um infortúnio!" Alguns dias depois, o cavalo voltou e trouxe consigo um cavalo selvagem. Agora, todos disseram: "Que sorte!" Mas aí, enquanto tentava domar o cavalo selvagem, o filho do fazendeiro quebrou uma perna. Novamente, todos disseram: "Que infortúnio!" Mas então vieram os soldados e convocaram todos os homens jovens para a guerra. O filho pôde ficar em casa porque estava machucado. Então os vizinhos exclamaram: "Que sorte! Seu filho não foi recrutado!" Morgenstern encerra sua história com as palavras: "Sorte e infortúnio moram lado a lado. Quem sabe dizer de imediato se algo é um infortúnio ou uma sorte?"

Uma palavra de consolo poderia ser o versículo do Sl 119, no qual uma pessoa piedosa medita sobre sua vida à luz dos mandamentos de Deus. O versículo diz: "Minha alma se consome de tristeza: reergue-me segundo a tua palavra!" Quando tudo realmente dá errado num dia, eu não ignoro o sentimento negativo. Eu o expresso na imagem da minha alma que se consome de tristeza. Mas, a despeito do meu mau humor, eu me volto para Deus e confio que Ele me levantará. Assim, posso encarar a situação difícil com uma postura ereta, sem que ela me oprima. Naturalmente, essa palavra de consolo não produz um milagre imediato. Mas eu não permaneço preso em minha tristeza, em minha irritação. Eu volto o meu olhar e a minha atenção para algo diferente – aqui, para uma palavra da Bíblia. É claro que você pode dizer: Isso é religioso demais para mim. Isso não me ajuda. Não é o que eu preciso. Mas você pode pensar também: Como eu me sentiria se esse versículo estivesse certo? Se eu realmente acreditar que Deus é capaz de me erguer por meio da sua palavra, no mínimo eu consigo me distanciar um pouco de todos os infortúnios que aconteceram comigo hoje.

Ansgar Stüfe

Quando eu era um jovem médico e trabalhava no departamento de medicina de um hospital, às vezes, as ocorrências com resultado negativo se acumulavam: um diagnóstico desaparecia, algum médico fazia um diagnóstico errado, um paciente recusava o tratamento e alguém morria inesperadamente. Todas essas informações chegavam às mãos do médico-chefe, que precisava interpretá-las e encontrar explicações. Havia dias em que ele suspirava profundamente e dizia: "Hoje temos um *dies ater* [um dia negro], como diziam os romanos". Na verdade, quando vistos individualmente, todos esses eventos desanimadores são problemas corriqueiros. É normal que um diagnóstico seja perdido ou que um paciente se recuse a se submeter a determinado tratamento. Onde pessoas trabalham, erros sempre ocorrem. Certa vez, eu estava tratando um paciente e suspeitava de uma leucemia. Por isso, extraí imediatamente uma amostra de sua medula e a enviei a um laboratório especializado. Esse exame não exige muito tempo. O material é colocado numa lâmina, o técnico aplica um corante e a amostra é analisada no microscópio. Esse trabalho precisa ser feito por um especialista, e normalmente o diagnóstico é feito em poucos minutos. Transcorridos dois dias, liguei para saber qual era o resultado. Eu levei um susto quando o laboratório me informou que não havia recebido amostra alguma. Então reconstruí cada passo da entrega. No fim, descobri que o motorista havia deixado a amostra no carro. É claro que me irritei terrivelmente com aquilo. Afinal, uma vida humana dependia daquele exame. E quando, no mesmo dia, um paciente sente os efeitos colaterais raríssimos de um remédio e outro exame revela que toda a terapia foi em vão e nada ajudou, tudo parece ter dado errado. Em situações assim, surge no médico o sentimento de que sua profissão é totalmente inútil. Houve momentos em que eu também me arrependi de ter escolhido a profissão de médico.

E não há nada de errado em ter esses sentimentos em dias assim. Somos seres humanos, com emoções, e cada um de nós chega ao limite de vez em quando. Depois de alguns dias, porém, podemos interromper nosso trabalho e refletir sobre aquilo. A melhor maneira de fazer isso é em oração silenciosa diante de Deus. Nessa oração, posso entregar tudo a Ele e livrar a minha alma de tudo o que se acumulou nela. Depois de um tempo, deveríamos chegar à percepção de que o acúmulo temporal é o problema real. Tomamos como garantidos os dias em que os eventos agradáveis se acumulam. Seria importante fixar o olhar mais nas coisas positivas e agradecer a Deus todos os dias por elas. Assim, um dia ruim se torna mais suportável, mesmo que muita coisa má aconteça. O que importa é inserir as experiências negativas num contexto geral maior.

A situação fica mais difícil, é claro, quando precisamos consolar outros que acabaram de vivenciar algo terrível. Em situações assim, deveríamos simplesmente ouvir. Não devemos tentar minimizar os eventos. Em dias de infortúnio, a alma precisa se aliviar. Isso requer pessoas que não estão carregando um grande fardo de problemas naquele momento. Muitas vezes, são os pais ou amigos. Deus também fala por meio de outras pessoas. Em situações assim, uma oração solitária na Igreja não ajuda. A pessoa precisa do contato com pessoas que a compreendem.

Durante a conversa, a pressão diminui aos poucos e a pessoa afetada volta a se abrir para contatos sociais. Pode ser uma boa ideia tomar uma cerveja ou uma taça de vinho com amigos e afogar as mágoas com eles. Certa vez participei de exercícios liderados por um conselheiro muito experiente. Ele disse que, depois de todas as instruções espirituais, é necessário enfrentar seus problemas também fisicamente. Ele nos falou de um padre da Bavária que disse: "Quando um problema oprime demais você, tome uma cerveja!" É claro que o álcool deve ser uma ajuda isolada, não uma solução permanente. Tomar uma cerveja com amigos é uma das formas fundamentais do convívio humano. É surpreendente que justamente Jesus participava dessas formas de convívio. Isso até lhe rendeu a fama de ser "beberrão e comilão".

Então, se em um dia complicadíssimo, nossa alma não aguentar a pressão, podemos recorrer à ajuda de Deus e de pessoas. Uma taça de vinho pode ser um apoio útil.

QUANDO
me irrito comigo mesmo

Anselm Grün

Quando nos irritamos, muitas vezes isso nos mostra que deveríamos estabelecer mais limites em relação aos outros. Muitas vezes, porém, eu me irrito comigo mesmo por não ter protegido os meus limites e por ter permitido que os outros passassem dos seus. Porém, também existem outras ocasiões em que me irrito comigo mesmo. Numa conversa, por exemplo, quando não consigo encontrar as palavras certas. Mais tarde, quando reflito sobre a conversa, eu me lembro de repente daquilo que deveria ter dito. Eu me irrito comigo mesmo também quando passo vergonha na frente de outros, porque uma conversa deixou evidente que eu não dominava o assunto. Eu me irrito quando esqueço as chaves ou os óculos em algum lugar, quando deixo cair um copo e ele quebra.

A Bíblia fala muito sobre a irritação. O Livro dos Provérbios sabe: "Pesada é a pedra e pesada é a areia; mais pesado, porém, do que ambas é a irritação com o tolo" (Pr 27,3). A irritação com uma pessoa tola é difícil de suportar. E também o filósofo crítico Coélet conhece a irritação. Ele afirma: Toda a nossa vida é preocupação e irritação (cf. Ecl 2,23). Até o nosso conhecimento só nos causa irritação: "Em muita sabedoria há muito desgosto; aumentando a ciência, aumenta o sofrimento" (Ecl 1,18).

Mas o sábio filósofo também nos dá um conselho de como devemos lidar com a irritação: "Não te irrites com facilidade, pois a irritação mora no peito do insensato" (Ecl 7,9). Isso soa muito racional. Conhecemos essa postura da filosofia estoica. Coélet acredita que a pessoa culta vê aquilo que a irrita com olhos diferentes. Ela tem uma visão geral daquilo que está acontecendo. Por isso, não se irrita o tempo todo com as banalidades do dia a dia.

Depois de todos os comentários céticos de que muita coisa não passa de um "sopro de vento", o autor acaba dando um conselho para viver bem: "Jovem, regozija-te na mocidade e sê feliz nos dias da juventude! Segue os impulsos do coração e os atrativos dos olhos, mas fica sabendo que Deus te pedirá contas de tudo isso! Afasta a irritação do teu coração e afugenta as dores do corpo, pois cabelos escuros e juventude são um sopro de vento" (Ecl 11,9). A pergunta é como podemos manter nosso coração livre de irritação. De acordo com as palavras do sábio, devemos relativizar tudo que nos irrita: tudo é apenas sopro de vento. Por isso, devemos fazer aquilo que está em nosso poder, alegrar-nos com aquilo que temos diante dos olhos todos os dias e manter a irritação longe do nosso coração.

E também o mestre da sabedoria Jesus Ben Sirá conhece a irritação e nos aconselha a nos mantermos longe dela: "Distrai-te, consola teu coração: expulsa a irritação para longe de ti. Pois a irritação já causou a perdição de muitos e não traz proveito algum. A inveja e a raiva abreviam os dias, e as preocupações trazem a velhice antes do tempo" (Eclo 30,23-24). Nós superamos a irritação – assim afirma Jesus Ben Sirá – quando consolamos o nosso coração. Devemos falar ao nosso coração e acalmá-lo. Devemos dizer a ele que não vale a pena ficar irritado, pois a irritação não tem valor, que ela somente encurta a vida. Esta também parece ser uma solução muito racional. Ela não funcionará sempre, mas pode ajudar em muitos casos. Sempre temos a possibilidade de nos distanciar da irritação. Não somos impotentes diante dela.

Ansgar Stüfe

A maioria das pessoas se irrita mais consigo mesma do que com os outros. Na maioria das vezes, isso é porque tentamos alcançar um objetivo específico, mas, por causa dos nossos próprios erros, acabamos alcançando o contrário.

Recentemente, eu estava num trem na Alemanha. Essas viagens são uma fonte de histórias instrutivas. No início, nem percebi que havia tido uma mudança no itinerário e que o trem seguia em outra direção sem que tivessem mudado o número da linha. Eu me irritei um pouco, mas fiquei grato quando me ofereceram uma alternativa. A seguir entrou uma mulher de meia-idade e começou a brigar com o cobrador porque o trem dela tinha sido substituído. Ela começou a gritar e a xingar, ameaçando-o de que faria de tudo para que ele perdesse o emprego. Achei que ela estava exagerando e me intrometi na discussão. Eu queria convencer aquela senhora de que os horários dos trens não dependiam do cobrador, que era totalmente inútil usar aquelas palavras fortes. Ela poderia xingar o quanto quisesse, mas isso não mudaria a situação. Então a senhora se voltou para mim e começou a me atacar: "O senhor precisa ir ao trabalho de trem todos os dias? O senhor sabe o que significa chegar atrasado ao trabalho?"

Ela estava certa. Eu não sabia. Durante toda a minha vida eu sempre fui trabalhar a pé. Por outro lado, eu estava a caminho de uma palestra, semelhante ao Padre Anselm. Mas era uma exceção. Eu não sabia o que responder e me irritei comigo mesmo por ter me metido na conversa. Depois a mulher desembarcou e eu pude conversar com o cobrador. Minha intenção foi socorrer o cobrador e acalmar a senhora. Eu não tinha conseguido fazer nem uma nem outra coisa. Nunca é uma boa ideia querer acalmar uma pessoa que se encontra numa fase de agitação. Eu deveria ter deixado ela falar e depois ter me dedicado apenas ao colaborador atacado. Essa teria sido a reação correta. Devemos aprender com essas situações e adaptar as nossas reações. Muitas vezes tendemos a nos superestimar. Por isso fracassamos com frequência. Sempre devemos avaliar as possibilidades reais antes de nos metermos numa situação como essa.

Eu me irrito muito comigo mesmo quando tento alegrar as pessoas e acabo fazendo o contrário. Já que minha avó era polonesa, às vezes eu me dava ao direito de fazer uma piada sobre o Papa João Paulo II. Achava que, tendo um quarto de sangue polonês, eu não seria acusado de ser nacionalista. A piada ainda funciona, e espero que nenhuma leitora e nenhum leitor a entenda errado: Certa vez, o Papa João Paulo II teve a oportunidade de fazer três perguntas diretamente a Deus. Primeiramente lhe perguntou: "O celibato será abolido?" Deus respondeu: "Não, enquanto você for papa". João Paulo II: "As mulheres serão ordenadas?" Deus respondeu: "Não, enquanto você for papa". Por último, o papa perguntou: "Haverá outro papa polonês?" Deus respondeu: "Não, enquanto eu for Deus".

Eu contei essa piada a um conhecido, que a adorou. Depois de um tempo eu o encontrei novamente. Ele me disse que eu o havia colocado numa situação muito embaraçosa. Ele estava visitando amigos na Europa Oriental. Para arrancar algumas risadas deles, contou essa piada. Ninguém riu. Ele foi acusado de arrogância ocidental e de racismo. Aquilo me surpreendeu muito e decidi nunca mais contar essa piada. Essa reação também é errada. Irritação consigo mesmo não pode resultar em reações exageradas. Quando queremos influenciar uma atmosfera emocional, seja com seriedade ou humor, precisamos perceber o nosso ambiente. Podemos contar as nossas histórias em algumas situações, mas em outras, não.

Às vezes, porém, nem preciso de outra pessoa para me irritar comigo mesmo. Todos nós temos anseios que não são muito benéficos quando são realizados. Isso vale, por exemplo, para a comida. Em mim e muitos outros, refeições muito gordurosas causam dores de estômago e distúrbios intestinais. Isso acontece comigo com molho de queijo e manteiga de ervas. Quando isso volta a acontecer, eu sempre decido nunca mais comer aquilo. Mas o tempo passa e a minha determinação enfraquece. Então eu penso: Não foi tão ruim assim, e vou e como as mesmas delícias com as mesmas consequências.

As consequências são previsíveis, e eu me irrito ao extremo porque passei uma noite inteira com azia e sem conseguir dormir. Mas irritação não adianta nada diante desse tipo de comportamento. Seria melhor desenvolver humildade e admitir nossas fraquezas. Isso nos permite suportar melhor essas situações. Pois esses anseios estão por trás dos nossos impulsos mais profundos. O impulso de comer faz parte da sobrevivência. Ao contrário do animal, porém, o ser humano pode escolher a comida que ele ama. Infelizmente, nem sempre conseguimos escolher aquilo que é melhor para a nossa saúde. É estranho que o nosso anseio nem sempre se orienta por aquilo que é melhor para nós.

Mas o objetivo do amadurecimento pessoal seria reconhecer que nós temos anseios que não nos fazem bem quando eles se realizam. A comida é apenas um exemplo. Existe uma diferença entre necessidade e desejo. Necessitamos de amor e de atenção. Muitas vezes, porém, essa necessidade não corresponde aos nossos anseios. Muitas pessoas anseiam uma vida calma e pacífica. Na verdade, porém, nós só conseguimos avançar e crescer quando encaramos os desafios e resolvemos os conflitos. Quando sempre fugimos dos conflitos ou só queremos apaziguar uma situação difícil, como eu no trem, o problema não é resolvido.

Só conseguimos amenizar a irritação conosco mesmos quando aprendemos a reconhecer nossas necessidades reais e nos orientarmos por elas. Às vezes, a irritação consigo mesmo ajuda também a se tornar uma pessoa melhor. Ela nos leva a novas percepções, e isto é o consolo verdadeiro para a nossa autoirritação.

QUANDO
não consigo perdoar a mim mesmo

Anselm Grün

Eu costumo administrar um curso chamado *Perdoe a si mesmo*. Nesse curso falamos do perdão que Deus nos concede, mas também do perdão que praticamos em relação ao outro. Por fim, falamos também sobre perdoar a nós mesmos. Muitos participantes relatam que, para eles, é mais difícil perdoar a si mesmos do que aos outros. Por que isso acontece?

Quando cometemos um erro ou nos tornamos culpados de algo, isso afeta a nossa autoimagem. Evidentemente, todos nós gostaríamos de permanecer sem culpa por toda a vida. Mas fazemos a experiência de que não somos capazes disso. Querendo ou não, cometemos erros, nós nos tornamos culpados. Muitas vezes, não conseguimos nos perdoar porque exigimos de nós mesmos passar a vida sem cometer erros. Mas isso é uma ilusão.

Outros não conseguem perdoar a si mesmos porque magoaram alguém com suas palavras irrefletidas. Não conseguem parar de pensar nas consequências de seus erros e de suas palavras. Mas isso não leva a nada. Pelo contrário, tal atitude é nociva para nós e para aquele que magoamos. Mais eficaz é apresentar essas palavras a Deus e pedir a Ele para que transforme em bênção aquelas palavras, para nós e para a pessoa envolvida. Assim, paramos de remoer as consequências das nossas palavras e a nos culpar por causa delas.

Conheço pessoas que carregam uma culpa verdadeira e que não conseguem perdoar a si mesmas. Alguns exemplos: diante da insistência de seu marido, uma mulher abortou. Ela está cheia de sentimentos de culpa e não consegue perdoar a si mesma. Um homem causou um acidente quando era jovem e feriu gravemente outra pessoa, não conseguindo se perdoar por ter sido tão desatencioso ao volante. Outro homem se lembra de ter namorado uma moça na juventude e de tê-la traído. Ele não só se arrepende de ter machucado tanto a sua namorada, mas também se acusa de ter destruído o relacionamento com ela. Só agora ele percebe o quanto a amava e que ela teria sido a melhor esposa para ele.

Perdoar a si mesmo não significa minimizar a própria culpa. Trata-se de reconhecer e admitir a culpa, de oferecê-la a Deus e confiar que Ele perdoa. Para muitos, a confissão da culpa também pode ser de grande ajuda. No confessionário, vivencio que Deus realmente me perdoa. Mas cabe a mim também perdoar a mim mesmo e não me torturar o tempo todo com autoacusações. Quando perdoo a mim mesmo, isso deve gerar humildade. Minhas mãos não estão mais limpas. Eu me tornei culpado. Isso deve me levar a não mais julgar os outros quando eles se tornam culpados. A culpa dos outros também indica minha própria culpa. Isso me torna humilde e misericordioso em relação a eles.

Porém, há pessoas que não carregam uma culpa real. Mas elas não conseguem perdoar a si mesmas porque mostraram alguma fraqueza na frente dos outros. Certa vez, uma executiva contou ao seu chefe em sigilo que ela não estava bem psiquicamente. O chefe contou isso para outras pessoas. Evidentemente, isso não foi certo. Mas a executiva não conseguiu perdoar a si mesma por ter contado algo pessoal sobre si mesma. Tentei explicar-lhe que o chefe tinha se desqualificado com seu comportamento, que isso era algo que outros condenariam. Que ela também pode ser fraca de vez em quando. No fim das contas, isso não a prejudica. Isso a torna mais simpática aos olhos de seus funcionários. Ela deveria se despedir da imagem da executiva perfeita em prol da imagem de uma executiva humana. Isso poderia até ser uma oportunidade para desenvolver um relacionamento com seus funcionários. Essa fixação nas palavras que ela dissera e das quais se arrependera, mais tarde a dominava tanto, que a paralisava e enfraquecia. Se ela conseguisse perdoar a si mesma, reencontraria sua força.

O que pode me ajudar a perdoar a mim mesmo? Em meu curso, sempre peço que os participantes façam um exercício: eles devem meditar sobre as palavras que Jesus disse na cruz. Lucas nos conta que Jesus orou pelos seus assassinos: "Pai, perdoa-lhes porque não sabem o que fazem" (Lc 23,34). Essa palavra nos dá a confiança de que não existe nada dentro de nós que Deus não possa perdoar. Se Jesus perdoou até mesmo os seus assassinos, então Deus nos perdoará tudo que carregamos em termos de culpa. Mas isso também pode nos ajudar a perdoar a nós mesmos.

Eu convido você a recitar a palavra de Jesus diante de sua própria culpa e transformá-la em uma oração pessoal: "Pai, perdoa-me porque eu não sabia o que estava fazendo". Alguns respondem que, na verdade, eles sabiam muito bem o que estavam fazendo quando se tornaram culpados. Em certo sentido, isso é verdade, é claro. Mas na profundeza de sua alma, eles não sabiam o que realmente estavam causando, o dano que estavam causando em si mesmos e nos outros. As palavras não servem como desculpa nem nos inocentam, mas podem ser uma ajuda para olharmos para a nossa culpa ou os nossos erros com olhos diferentes. E, na verdade, nem precisamos perdoar a nós mesmos. Quando repetimos as palavras de Jesus e as aplicamos à nossa própria culpa, o perdão ocorre dentro de nós. Nós nos tornamos calmos e nos sentimos acolhidos e aceitos no amor de Deus.

Ansgar Stüfe

Frequentemente, muitas pessoas sofrem com sentimentos de culpa por causa de coisas que aconteceram há muito tempo e já deveriam ter sido esquecidas. Numa situação assim, podemos conversar com uma pessoa que esteve envolvida naquela história. Na maioria das vezes, essa pessoa vê tudo de forma completamente diferente. Um exemplo típico ocorreu na minha juventude: Na véspera do início de nossas férias, nosso pai colocou garrafas de água no riacho na frente da nossa casa para refrescá-las. Na verdade, não passava de uma mania do meu pai e não adiantava muito. Então ele pediu que minha irmã e eu tirássemos as garrafas da água. Minha irmã se ajoelhou para apanhá-las e as levantou para mim. Elas estavam escorregadias. Quando consegui pegar uma garrafa pela etiqueta, ela caiu no chão. Seus cacos saltaram para todos os lados e com tanta força, que acabaram atingindo várias partes do corpo de minha irmã. Já que era verão, ela estava usando um vestido leve e as pernas não estavam cobertas. Ela sangrou em vários lugares. Meu pai a levou para o hospital, e alguns dos cortes receberam pontos. Até recentemente minha consciência pesava por causa disso e eu me sentia culpado pelos ferimentos causados em minha irmã. Mais de cinquenta anos depois, nós dois nos lembramos desse evento. Eu lhe contei que me sentia culpado por causa disso. Então ela olhou para mim com surpresa e disse que não esperava aquilo. Ela sempre pensou que havia sido a culpada pelo infortúnio. Então nós dois rimos do fundo do coração. O culpado real era nosso pai; afinal de contas, que ideia era aquela de refrescar água num riacho! Foram precisos cinquenta anos para reconhecermos isso.

Certamente esse não era um dos sentimentos de culpa que me dominavam. Mas a soma de ocorrências pequenas como essa pode paralisar a força interior de um ser humano. A autoconfiança diminui, e a vida é percebida como praga. Um método muito consolador é buscar o diálogo com aqueles que estavam presentes naquela situação. Como aconteceu comigo, eles podem corrigir a nossa memória ou ajudar a desenvolver uma nova visão do ocorrido. Por isso cada um que é atormentado por velhos sentimentos de culpa deveria conversar com amigos ou parentes. Isso vale também para os casos em que ninguém mais esteve envolvido.

Como médico jovem, meus padrões éticos que eu tinha estabelecido para mim eram altíssimos. Ao mesmo tempo, o comportamento pessoal dos pacientes frequentemente me irritava. Somente aos poucos eu percebi que as pessoas que eu tratava tinham experiências sociais diferentes das minhas. Muitas vezes, descreviam seus temores e necessidades de forma completamente diferente. Naquela época, eu não era muito compreensivo quando se tratava de preocupações e problemas menores. Eu me sentia chamado para grandes desafios, não para banalidades. Durante uma consulta, uma senhora se queixou de não ter fechado um olho durante a noite. Então eu respondi em minha arrogância intelectual: "Eu também não consigo dormir de olhos abertos". Então ela começou a chorar amargamente e precisei reconhecer que tive um comportamento errado. Ela não precisava de um médico que fazia graça com os seus problemas, mas de uma pessoa que os levasse a sério. Eu recorrera à situação de uma festa como padrão para a nossa conversa, mas não à situação séria de um ser humano.

Quando reconheci isso, essa experiência se gravou na minha consciência como um caso de grande fracasso. Eu não conseguia me perdoar pelo fato de ter agido assim. É, porém, absolutamente normal cometermos erros no início de uma atividade devido à nossa falta de experiência. Faz parte da existência humana cometer erros e não ser perfeito. E aí estava também a raiz original do meu problema: eu queria ser perfeito. Jamais me passou pela cabeça que eu poderia cometer erros. Ainda hoje esse é um problema que eu tenho. Mas reconhecer a minha obsessão pelo perfeccionismo moral já é um caminho para melhorar. Por isso, só posso recomendar que você reflita sobre a razão pela qual não consegue esquecer um erro. Muitas vezes, o problema nem é a ocorrência em si, mas a nossa vaidade. Devemos simplesmente admitir que somos falhos. Isso pode levar um tempo, mas traz muito consolo.

Por outro lado, às vezes, os sentimentos de culpa são provocados pela religião ou pela sociedade. Há valores que são aceitos pela maioria e que geram sentimentos de culpa quando não são cumpridos. Em minha atividade como procurador, eu fazia viagens frequentes à China. Lá, os cristãos são uma pequena minoria. Certa vez, perguntei a um confrade qual era o principal problema psíquico dos chineses. Por meio de leituras e palestras eu chegara à conclusão de que eles nem conheciam o fator culpa. Há regras externas que devem ser seguidas e obedecidas, mas ninguém exige uma prestação de contas pessoal. Por isso eu acreditava que o princípio da consciência era desconhecido na China. Fiquei muito surpreso quando meu confrade respondeu que o problema principal dos chineses era o sentimento de culpa.

Tanto o confucionismo tradicional quanto o comunismo colocam os interesses da sociedade acima das necessidades do indivíduo. Em palestras e conversas pessoais, as pessoas são acusadas quase que diariamente de ficarem aquém das exigências da sociedade. Mas elas aceitaram esse sistema desde sua infância. Por isso, realmente se sentem culpadas por não estarem dando à sociedade aquilo que ela exige. Para essas pessoas, a mensagem do perdão de Jesus traz uma grande libertação. Em seus livros, o Padre Anselm sempre ressalta que Jesus nos perdoou e que nós podemos perdoar a nós mesmos. Não é nenhuma surpresa que seus livros têm tantos leitores na Ásia Oriental. Quando nos apercebemos do amor que nos envolve podemos perdoar a nós mesmos.

QUANDO
eu me julgo

Anselm Grün

Não conseguir perdoar a si mesmo é diferente de julgar a si mesmo. Perdoar visa a uma culpa no passado ou a um erro que possamos ter cometido. Julgar a si mesmo, porém, visa à situação atual: eu me julgo porque acho que não sou bom (o suficiente). Há muitas razões pelas quais as pessoas se julgam. Algumas se julgam porque não rezam o bastante, porque não são piedosas o suficiente, porque deixaram de viver a sua fé. Outras se julgam porque não defendem os mais fracos ou porque só giram em torno de suas próprias necessidades. Algumas se julgam quando fazem algo bom para si mesmas.

Pode ser a consciência que nos julga constantemente. Ou o nosso superego. Nem sempre é fácil distinguir qual dos dois está nos julgando. A consciência nos julga por causa de algo que é contrário à vontade de Deus e quando realmente nos tornamos culpados. Nesse caso, deveríamos nos colocar diante de Deus com a nossa culpa e confiar que Ele não nos julgará. Dizemos a Deus: "Este sou eu. Eu não tento esconder nada de mim mesmo. Eu te ofereço a minha verdade. Mas eu confio que Tu me aceitas incondicionalmente". Assim, a autocondenação pode se dissolver aos poucos.

O superego nos julga por coisas que podem ser boas para nós e também por coisas que, para outros, são totalmente normais. O superego se forma por meio dos padrões que os pais nos transmitiram como essenciais. Uma senhora me contou que ela cresceu numa fazenda. Sempre que ela queria brincar, a mãe lhe dizia: "Existem coisas mais importantes do que brincar ou ler. Vá varrer o pátio ou descascar as batatas para o almoço". Assim que a mulher se permite algo que ela gosta de fazer, ou seja, quando lê um livro ou ouve música, imediatamente aparece a voz do superego que lhe diz: "Você deveria estar trabalhando. Tanta coisa precisa ser feita na casa. E você deveria visitar aquele seu parente que está de cama". A voz do superego sempre nos restringe. Uma ajuda para distinguir entre a voz da consciência e a voz do superego pode ser: eu apresento ambas a Deus e lhe pergunto: "Qual é a tua vontade? Queres realmente que eu trabalhe o tempo todo?" Basta questionar a voz do superego na presença de Deus para torná-la mais baixa e mais fraca.

Alguns se julgam porque acreditam que são pessoas más que não conseguem se controlar. O dependente químico se julga porque ele não consegue se libertar das drogas. Desempregados se julgam porque não conseguiram manter seu último emprego. Alguns se julgam porque sentem que são pecadores ou até que pecaram contra o Espírito Santo, porque blasfemaram contra Deus.

Quando uma pessoa me conta que ela se julga, sempre tento, primeiramente, descobrir como ela poderia dissolver esse autojulgamento. Um caminho é procurar a causa na infância, nas exigências duras dos pais que foram internalizadas no superego. Quando reconhecemos as causas podemos nos distanciar do superego julgador.

Um outro caminho que costumo sugerir para as pessoas consiste em recitar este versículo da Primeira Epístola de João: "Pois se o nosso coração nos acusa, maior do que o nosso coração é Deus, que sabe tudo" (1Jo 3,20). Então não preciso mais ficar pensando se meu autojulgamento é justificado ou não. Cito este versículo e o confronto com meus pensamentos negativos. Então, aos poucos, meu coração se acalma. Sinto o amor de Deus, que me aceita incondicionalmente. Ele é maior do que o meu coração. Ele sabe tudo. Ele sabe da minha culpa, mas também sabe do meu anseio de viver de acordo com a sua vontade e de corresponder ao seu Espírito.

Ansgar Stüfe

Muitas pessoas se acusam por causa de erros que cometeram. E isso não é ruim. Nós só podemos nos aprimorar quando reconhecemos os nossos erros. Isso se torna um problema apenas quando erros insignificantes resultam em acusação interna. Essas pessoas têm uma imagem ruim de si mesmas. Pessoas de fora costumam reagir com incompreensão quando ficam sabendo disso.

Um exemplo: durante uma festa de aniversário no círculo familiar surge um conflito. Esse conflito é tão violento que alguns parentes se recusam a conversar. A pessoa que havia determinado os lugares às pessoas ao redor da mesa se julga por ter causado toda a confusão. Se as pessoas tivessem se sentado em lugares diferentes, o conflito não teria acontecido. Ela sente que foi a causa original dessa briga feia. Uma pessoa não envolvida tentaria acalmá-la e dizer-lhe que os únicos responsáveis foram os envolvidos que estragaram a festa. A culpa não é dela. Muitas vezes, porém, essas palavras não adiantam nada. O autojulgamento permanece e causa danos à autovalorização da pessoa. Depois ela perde a alegria de viver e o senso pela beleza da vida.

De onde vem esse mecanismo de supervalorizar pequenos erros? Muitas vezes, quando a alma não reage de forma adequada a determinadas situações, a causa pode ser encontrada na infância. Eu era um aluno muito atencioso, também nas aulas de religião. Quando estávamos nos preparando para a Primeira Comunhão, um versículo de Paulo foi inculcado em nós: "Assim, pois, quem come do pão ou bebe do cálice do Senhor indignamente, será réu do Corpo e do Sangue do Senhor" (1Cor 12,27). Nosso catequista até chegou a dizer: "Essa pessoa será condenada por toda a eternidade". O que, porém, significa "indignamente" para uma criança de 8 anos? Na época, éramos obrigados a ficar em jejum durante as 3h que antecediam a Comunhão. Assim, quem tinha comido ou bebido 2h antes da Comunhão estava condenado e ia para o inferno. Como crianças, levávamos isso muito a sério. Um ano depois eu estava chupando uma bala. Eu tinha esquecido que logo iríamos participar da missa. Eu quase morri de medo. Então meu pai me disse que Deus não é um farmacêutico, que quantidades tão pequenas não importam. Eu acabei comungando, mas tinha minhas dúvidas quanto à competência do meu pai de julgar um assunto tão sério.

Não faz nenhum sentido ensinar esse tipo de regra às crianças. A consciência se apega a coisas secundárias e ignora as realmente importantes. Na época, os católicos davam muita importância ao jejum eucarístico, mas, para muitos, a sonegação de impostos não era algo sério.

Paulo nem conhecia o jejum eucarístico. Ele estava pensando em algo completamente diferente quando escreveu esse versículo. Hoje podemos partir do pressuposto de que a educação religiosa não é mais tão mesquinha. Atualmente as crianças aprendem outras coisas. Elas são bombardeadas com medos relacionados à degradação ambiental e à sociedade. Isso pode causar uma postura totalmente errada em relação à criação e causar distúrbios no comportamento social. As moças se julgam por terem comido a coisa errada, os rapazes se julgam por terem cometido um erro no jogo de futebol. Mas o que importa é praticar uma conduta social. As crianças devem aprender a conviver com outras pessoas e a agir em cooperação com elas. O que importa não são ações individuais, mas a postura fundamental. As pessoas que julgam a si mesmas perdem a sensibilidade pelo próximo. Acreditam que são totalmente inúteis.

Num velho filme de Hollywood, de 1946, isso é descrito de uma forma que parte o coração. O título do filme é *A felicidade não se compra*. Um homem quis ir ao banco para depositar as economias de um grupo de pessoas pobres; era véspera de Natal. Alguém rouba o dinheiro. Ele se sente responsável por ter destruído a existência de muitas pessoas por causa de seu descuido. Então pretende se suicidar, pulando de uma ponte. Aí aparece um anjo e o lembra da vida que ele teve até agora. O filme é muito inteligente, pois não fala das muitas boas obras que ele praticou, mas sobre o que teria acontecido se ele não tivesse agido nos momentos decisivos. Essa visualização de sua importância o convence, e ele desiste do suicídio. É claro que o filme tem um final feliz. O ladrão é encontrado e todos podem celebrar o Natal.

Quando nós nos paralisamos com autoacusações e nos consideramos inúteis, precisamos nos lembrar ativamente das nossas boas obras. Uma conversa com amigos próximos pode ajudar a fazer isso. Essa lembrança dá força e aumenta o sentimento de valor próprio. E automaticamente a autoacusação enfraquece.

QUANDO
não consigo parar de ruminar

Anselm Grün

Conheço pessoas que não conseguem parar de se perguntar se deveriam ter dito determinada coisa ou se deveriam ter dito algo diferente. Muitas vezes, não conseguem dormir porque ficam dizendo a si mesmas: Eu deveria ter tomado uma decisão diferente. Eu deveria ter sido mais atencioso ou mais amigável naquela conversa. Eu não deveria ter reagido com tanta agressividade. São tantos "deveria" e "não deveria" que não conseguem encontrar paz.

Mas existe também outro tipo de ruminação. Algumas pessoas simplesmente não conseguem se livrar de seus pensamentos. Elas os ruminam e não param de girar em torno das mesmas coisas. Mas elas não chegam a lugar algum. A palavra alemã para "ruminar" – "*grübeln*" – é parente da palavra "*graben*" – "cavar": quando rumino, eu cavo e cavo, escavo e procuro. Mas nunca chego ao fim. Essa obsessão de ruminar muitas vezes tem a ver com a necessidade de controlar tudo: quero controlar todos os meus pensamentos. Mas isso é impossível. Por isso, muitas vezes, uma pessoa que rumina fica se perguntando o que é bom ou ruim, se aquilo que fiz ou deixei de fazer foi bom, se meus pensamentos são corretos ou se não deveria estar pensando nisso... A psicologia afirma que a ruminação pode ser uma consequência de impulsos agressivos reprimidos. A pessoa não tem a coragem de viver esses impulsos. Assim, ela os manifesta na forma de ruminação. Às vezes, a ruminação também é um sinal de que, quando criança, a pessoa abandonou sua curiosidade – na opinião de Sigmund Freud, isso vale principalmente em relação a assuntos sexuais – porque era proibido. Mas a ruminação pode impedir nosso pensamento de refletir sobre nós mesmos e a nossa vida de forma sensata. Em casos extremos, a ruminação precisa ser tratada por um terapeuta. Mas igualmente existem formas menos doentias; por exemplo, quando simplesmente não consigo parar de remoer sempre as mesmas coisas. Os meus pensamentos não me levam a novas percepções. Eu só fico andando em círculos.

Não é possível combater a ruminação de forma puramente racional confrontando-a com outros pensamentos. Pois assim permanecemos no mesmo nível, os pensamentos continuam a andar em círculos. O que pode ajudar é expressá-los em voz alta ou anotá-los. Quando escrevemos, os pensamentos começam a adquirir uma forma mais ordenada. Quando escrevo, eu não me censuro. Eu não julgo o que escrevo. Eu simplesmente deixo sair tudo aquilo que fica girando na minha cabeça. Assim, posso descobrir sobre o que eu gostaria de refletir e o que está por trás da minha ruminação constante. Uma conversa com um conselheiro espiritual ou com um terapeuta pode ser igualmente libertadora. O importante é que nenhum pensamento seja julgado. Todos os pensamentos têm o direito de existir. Eles têm o seu sentido. E nós os analisamos juntos.

Quando a ruminação diz respeito ao dia de ontem, eu costumo oferecer a Deus aquilo que eu fiz e disse. Eu formo uma concha com as minhas mãos e imagino: não posso mudar o dia de ontem nem aquilo que eu disse. O dia passou; ele foi como foi. Desisto de querer avaliar e julgar tudo. Eu deposito tudo no amor de Deus e confio que Ele transformará em uma bênção também aquela conversa e aquele encontro que poderiam ter sido melhores. Assim, posso parar de ficar remoendo aquilo. Eu me liberto, sentindo-me abrigado e protegido nas boas mãos de Deus.

Ansgar Stüfe

Há ocorrências que ficam gravadas em nossa memória. Elas incluem fatos bonitos como casamentos e nascimentos, mas infelizmente também conflitos e decisões erradas. Conheço uma mulher que, trinta anos atrás, encerrou uma amizade. Ainda hoje ela fica ruminando as causas disso. Apesar de ter certeza de que a culpa não foi dela, não consegue se desprender daquilo e fica refletindo sobre como uma amizade muito próxima entre duas mulheres pôde acabar para sempre. Até hoje ela não conseguiu perdoar sua amiga. Na época, havia acabado de abrir uma pequena loja. Já que ela sentia que não conseguiria dar conta de tudo sozinha, sua amiga lhe prometeu ajudá-la. Sem essa promessa, ela não teria aberto o comércio. Quando chegou a hora de abrir a loja, sua amiga desistiu e não quis se envolver, não a ajudando nem com tempo nem com dinheiro. Assim, ela se aventurou sozinha naquele empreendimento e, após muitos anos, conseguiu tirar seu sustento daquele empreendimento. Na verdade, ela poderia ter tentado entrar em contato com a amiga, mas preferiu ficar ruminando aquilo. E essa ruminação continua até hoje.

Quem rumina está a sós consigo mesmo. Isso também vale para essa mulher: ela discute consigo mesma e, por isso, tem a impressão de estar levando em conta todos os pontos de vista. Mas isso é uma ilusão. As pessoas são confrontadas apenas com seus próprios pensamentos. Já que esses argumentos não são respondidos, eles são repetidos num ciclo vicioso que não tem fim.

No entanto, o ser humano rumina não só sobre eventos passados. As pessoas tendem também a ruminar sobre coisas futuras. Às vezes, isso é necessário para planejar ações, incluindo prever possíveis desdobramentos. No trabalho na nossa editora, por exemplo, precisamos refletir sobre quantos exemplares de um livro nós queremos imprimir. É impossível saber exatamente quantos leitores comprarão determinado livro. Até mesmo quando se trata do nosso autor mais conhecido, pode acontecer que uma de suas obras fique pegando poeira nas estantes das livrarias. Assim, tentamos decidir se o título e o tema conseguirão chamar a atenção de um número suficiente de leitores. Aqui entram em jogo também a imagem na capa e o nosso *marketing*, se um autor está disposto a fazer palestras. Após reunirmos todas essas informações, decidimos quantas cópias serão impressas. A ruminação começa quando tentamos prever e reagir de antemão a todas as eventualidades. E se outra editora também publicar um livro sobre o mesmo tema? Já não existiu uma escritora que escreveu um livro semelhante ao nosso? Esse poderia ser um tema que lançará uma luz negativa sobre a nossa editora? Poderíamos continuar a lista com essas perguntas infinitamente. E qual é o resultado disso? Não conseguimos tomar uma decisão. As perguntas abertas não permitem uma tomada de decisão. No primeiro exemplo, a ruminação impede a reconciliação. No segundo exemplo, impede a decisão.

À ruminação subjaz o equívoco de querer fundamentar cada decisão de forma abrangente. Em termos puramente intelectuais, isso parece ser possível. Mas assim que entram em jogo também as emoções, as decisões não podem mais ser totalmente calculadas. Isso exerce um papel importante nas vendas e nos empreendimentos econômicos. As atividades na bolsa são um exemplo desse tipo. O preço das ações depende muito mais do humor psicológico do que da situação econômica real de uma empresa. Existem empresas que, todos os anos, conseguem obter um bom lucro e cuja atuação no mercado é sólida. De repente, um jornalista lança a suspeita de que a diretoria da empresa não está divulgando os números reais. Em seguida, a ação da empresa despenca na bolsa. Os investidores estão inseguros e não querem correr nenhum risco. Um ano depois, uma auditoria confirma a veracidade dos números divulgados pela empresa, e o valor de sua ação volta a subir. As oscilações no preço da ação não haviam sido provocadas por problemas reais, mas por causa de suposições e dúvidas, por causa da ruminação de alguém.

O primeiro passo para se libertar da ruminação é perceber e aceitar que nunca teremos todas as informações sobre determinado evento. Nossas ações sempre se apoiam em uma pequena parte das informações. Por isso, cometemos tantos erros. Mas isso não é um problema verdadeiro, contanto que estejamos dispostos a corrigir as nossas decisões. Quando eu trabalhava como médico, isso era muito importante para mim. Às vezes, um paciente com sintomas de uma doença grave me procurava. No entanto, nem sempre a doença do paciente era evidente. Como médico, porém, preciso dar início a um tratamento. Eu tomava como base a doença mais provável e dava início ao tratamento. Depois de um tempo, eu recebia os resultados dos exames, que ou confirmavam o início do meu tratamento ou exigiam uma correção. Essa era a única maneira em que eu podia ajudar o paciente.

Tenho colegas que ficam ruminando sobre casos passados. Eles se perguntam o que poderiam ter feito melhor ou de forma diferente e se isso teria evitado a morte do paciente. Eles não param com isso porque acreditam poder encontrar ainda outras razões. Essa postura, porém, não ajuda, mas paralisa. Os médicos ficam tão paralisados que não conseguem agir, já não conseguem trabalhar.

Portanto, podemos evitar a ruminação se aceitarmos o fato da imperfeição. Devemos parar de ficar procurando a perfeição. Jamais a alcançaremos. Uma pessoa que tiver muitas dificuldades com isso, deveria se concentrar em tarefas menos complexas que não exijam o conhecimento de muitos fatos. Assim, a pessoa pode se sentir mais segura.

A melhor ajuda, porém, é a consciência religiosa de que Deus levará tudo a um bom desfecho. Não precisamos sondar e entender tudo. Podemos confiar muitas coisas a um poder superior. Isso nos alivia e nos liberta da necessidade de ficar refletindo sobre isso.

QUANDO
lamento as perdas do passado

Anselm Grün

Alguns sempre pensam no passado, porque, naqueles dias, tudo era melhor e mais bonito. No passado, eles se sentiam acolhidos e apoiados. No passado, eram reconhecidos. Principalmente as pessoas mais idosas correm perigo de ficar sonhado com o passado em vez de encarar o presente. Mas quando lamento as perdas do passado, eu não consigo me alegrar com aquilo que é agora. Esse lamento é como um véu sombrio que se deita sobre tudo que existe no agora. Outra forma de lamentar as perdas do passado tem a ver com as nossas decisões de vida: nós mesmos determinamos o nosso caminho com as decisões que tomamos. Não são poucas as pessoas que se culpam por terem tomado aquela decisão e não uma outra. Elas acreditam ter perdido uma chance importante e, por isso, não consegue encarar e aceitar o presente. Assim, porém, o presente não pode ser bem-sucedido.

Hoje em dia, muitos têm dificuldades de tomar a decisão de seguir um caminho concreto. Querem manter todas as portas abertas. No fim, porém, acabam diante de portas fechadas. Um exemplo: Uma aluna com notas excelentes podia escolher entre muitas faculdades e acabou optando pela Faculdade de Medicina e contra a Faculdade de Música. Depois de dois anos, quando teve que estudar muito para as provas intermediárias, ela lamentou não ter escolhido a Faculdade de Música. Pensou: "Eu deveria ter optado pela Faculdade de Música. Eu poderia estar tocando piano agora. Isso seria muito melhor". Mas quando penso dessa maneira, eu perco toda a energia. Não tenho vontade nem forças para aquilo que deveria estar fazendo agora.

Cada decisão por algo é sempre também uma decisão contra outra coisa. E aquilo que eu não escolho precisa ser lamentado, eu preciso me despedir daquilo. Essa despedida dói. Mas não posso fazer tudo ao mesmo tempo. Eu preciso fazer uma escolha e tomar uma decisão. Somente quando choro por aquilo que eu não escolhi, eu posso me entregar e dedicar completamente àquilo que escolhi. Então posso também encontrar a força dentro de mim para realizar e completar aquilo.

Uma palavra que costumo sugerir para a meditação é a segunda bem-aventurança de Jesus: "Felizes os que choram, porque serão consolados" (Mt 5,4). Jesus se refere primeiramente às pessoas que estão em luto, àquelas que têm a coragem de enfrentar seus sentimentos de dor e tristeza. O luto dói, mas ele também é a habilidade de processar a despedida de uma pessoa querida e de desenvolver um novo relacionamento com ela.

Mas "os que choram" incluem aqui também aqueles que experimentaram qualquer outro tipo de perda. A psicóloga Margarete Mitscherlich fala do luto por causa da perda da infância e da juventude. Estamos em luto porque perdemos a felicidade da infância. Existe também o luto por causa da vida não vivida – este tipo de luto é algo que costuma ocorrer no meio da vida. Vivenciar o luto é a condição para a capacidade de nos abrirmos para as novas possibilidades que a vida traz, para entrarmos em contato com os nossos recursos internos. As pessoas que fogem desse luto se fecham cada vez mais e passam a estagnar internamente. Por isso, o trabalho de luto é decisivo para uma vida bem-sucedida. Margarete Mitscherlich acredita que esse trabalho é especialmente difícil para os homens. Na infância, eles não aprenderam a renunciar ou a abrir mão de algo e por isso têm dificuldades de chorar as chances perdidas ou os sonhos destruídos. Eles se refugiam em desculpas e explicações, lançam-se no trabalho ou permanecem presos às suas ilusões de que as coisas estão sob seu controle e que, depois da crise, tudo voltará ao normal. Mas quem se recusa a chorar aquilo que foi destruído ou perdido empobrece sua vida emocional. Ele não consegue sentir empatia e não consegue se colocar no lugar dos outros. E, em vez de chorar aquilo que perdeu, cria inimigos imaginários: quando ele não está bem, a culpa é de outros.

Luto significa para mim em primeiro lugar: despedir-se das ilusões. Conheço muitas pessoas extremamente infelizes porque se agarram às ilusões que criaram em relação a si mesmas e seu futuro. Continuam acreditando que são as pessoas mais lindas e mais inteligentes, mesmo quando percebem que isso não é verdade. Elas se agarram à ilusão de que tudo correrá bem, de que sempre terão sucesso e encontrarão a profissão e o cônjuge dos seus sonhos. Elas se recusam a se aceitar em sua mediocridade e sempre querem ser algo especial. Luto significa, porém, aceitar a minha própria mediocridade. Devo despedir-me das ilusões e das imagens exageradas que eu impus a mim mesmo. Isso dói. Mas luto não significa resignação, mas autoaceitação, dizer sim a mim mesmo, do jeito que sou.

Então, assim afirma Jesus, eu serei consolado. Então eu encontro terra firme sob meus pés. Eu consigo me aceitar, consigo permanecer firme e consigo enfrentar as dificuldades que obstruem o meu caminho. Para Jesus, o luto é a precondição para ser feliz. Isso parece paradoxal. Mas só se eu estiver disposto a me despedir das ilusões, consigo dizer sim a mim mesmo e à minha vida, do jeito que ela é. Essa aceitação faz com que eu entre em acordo comigo mesmo e minha vida, que eu entre em harmonia e encontre a felicidade.

Ansgar Stüfe

Recentemente, vi uma foto que me mostrava trinta anos mais jovem do que hoje. A foto me pegou totalmente de surpresa. Como eu havia sido jovem! Cabelos escuros e cheios, sem rugas no rosto e sem um único quilo de excesso de peso. Então um pensamento doloroso passou pela minha cabeça: como as coisas estão diferentes agora! Há anos luto contra o excesso de peso, as juntas reclamam quando me levanto, as mulheres mais jovens nem olham para mim. Um pensamento me dominou naquele momento: nunca mais voltarei a viver esse estado. Nunca mais serei um homem vistoso e tão saudável.

Muitas pessoas não vivem no presente. Elas só pensam no tempo que passou há anos e lamentam sua perda. É normal que essas lembranças provoquem sentimentos de dor. Mas devemos nos lembrar não só dos dias de sol no nosso passado. O período da juventude era um tempo de grande incerteza e insegurança – eu consigo fazer jus ao meu trabalho? Será que fracassarei em algum momento? Essas eram as perguntas dominantes. Na época, a insegurança se voltava para o futuro.

E naquela foto, tudo que vi foi a minha aparência. Na verdade, porém, o nosso valor próprio não depende dela. O que importa é o nosso humor interno, que depende da minha aceitação pelo ambiente em que me encontro. Por isso, devemos nos esforçar novamente em cada fase da nossa vida.

Muitas pessoas, porém, não só tomam o seu próprio passado como padrão para avaliar o presente, elas também reconhecem no desenvolvimento da sociedade "desde então" uma única e grande catástrofe. Esse fenômeno não é novo. Já o Iluminismo no século XVIII tendia a transfigurar o passado. Naquela época, as pessoas acreditavam que, se conseguissem voltar para o estado primordial, tudo ficaria bem. Mais tarde, Marx baseou sua ideologia comunista nessa ideia do retorno ao paraíso. Os estados que se fundamentaram em sua ideologia mostraram como seria o paraíso na terra. É altamente perigoso projetar seus próprios anseios sobre a humanidade. Isso vale naturalmente também para a vida religiosa. Antigamente, as pessoas rezavam e iam à igreja. A vida da Igreja ainda era uma parte determinante da vida de todos. Hoje, mosteiros estão morrendo, pouquíssimas mulheres e homens optam pela vida monástica. Na verdade, nem sabemos mais como será o futuro das nossas Igrejas. Antigamente, elas eram fortalezas de segurança e orientação, hoje balançam até os corrimãos em que tentamos nos segurar.

Recentemente tivemos uma discussão no mosteiro. Um confrade alegou que os monges da geração anterior tinham sido monges muito melhores do que os atuais. Todos nós ainda nos lembrávamos deles. Por isso, protestamos. Eu disse que se me tornasse igual a um confrade que havia sido mencionado como exemplo, eu preferiria ficar com a fama de não ser um monge tão bom quanto ele.

Muitas vezes, nós nos lembramos apenas de segmentos e fragmentos do passado. Lamentamos a perda de coisas que, talvez, realmente foram melhores. Mas esquecemos que muitas outras coisas eram muito piores do que hoje. O Cardeal Marx expressou isso de modo muito certeiro: "Na década de 1930, a Igreja registrou o número mais alto na história da Alemanha de pessoas que iam à missa. No mesmo período, porém, a Alemanha desenvolveu o nacional-socialismo". Na época, a Igreja vivia em isolamento espiritual e formava uma sociedade paralela. Por isso, devemos nos lembrar de como o passado era realmente e não lamentar apenas a perda daqueles momentos que, talvez, foram melhores.

Além dessa lembrança ativa, outra coisa também é muito importante: devemos viver o presente com uma intensidade maior. Nossa situação geral se tornou tão mais segura que nós nem nos damos conta disso. Essa segurança externa contra guerras e violência nos oferece uma grande oportunidade para refletir e meditar sobre as profundezas da nossa vida.

As limitações impostas pela epidemia do Coronavírus nos impuseram uma fase de contemplação. Eu me lembrei de como eu amava os domingos em que a circulação de veículos motorizados era proibida. Mas se vivermos apenas no passado não perceberemos a felicidade do presente. Abramos, portanto, o nosso coração para o presente e reconheçamos as coisas boas que nos cercam todos os dias.

QUANDO
me sinto ignorado

Anselm Grün

Muitas pessoas sofrem quando não são percebidas. Muitas vezes, esse sofrimento tem sua origem na infância. Essas pessoas têm a impressão de que não receberam atenção do pai ou da mãe. Talvez, os outros irmãos exigiam toda a atenção dos pais ou estes estavam tão ocupados com seu trabalho e com as tarefas do dia a dia que não conseguiam dar atenção à criança. Nem sabiam como ela estava se sentindo.

A psicoterapeuta suíça Julia Oncken concentrou seus estudos em filhas que foram ignoradas e acredita que o anseio da filha é ser percebida pelo pai. Quando isso não acontece, ela reage tornando-se uma "filha que agrada", uma "filha que mostra serviço" ou uma "filha que se revolta". Muitas vezes, esse comportamento continua quando a filha cresce. Como adulta, ela tenta agradar as pessoas cuidando de sua aparência ou se adaptando a todos. Ou ela tenta mostrar o melhor desempenho possível no emprego para ser percebida. Ou, como terceira possibilidade, sempre fará o contrário daquilo que os outros consideram correto. Sua rebeldia pretende chamar atenção para que ela finalmente seja percebida. Mas ao fazer isso, não está vivendo o seu eu verdadeiro. Ela exerce um papel para ser vista, mas não encontra sua própria identidade.

Os homens, porém, frequentemente também têm a impressão de que não são vistos. Eles vivenciam a pressão de sempre se sentirem obrigados a se representar, a falar de seu desempenho no trabalho ou de suas aventuras especiais para se tornar mais interessantes. Quando os homens estão na companhia exclusiva de mulheres, eles se comportam como o galo no galinheiro: precisam ser o centro das atenções e ser admirados por todas. Mas todos esses comportamentos não saciam o anseio profundo de realmente ser visto pelos outros como essa pessoa singular que eles são.

Uma criança que acredita não receber atenção suficiente acreditará também como adulto que é ignorada: por seu cônjuge, pelo chefe, pelos funcionários, pelos membros da congregação. Essas pessoas fazem de tudo para serem vistas. Mas seu anseio jamais se realiza. Embora muitos possam aplaudi-las, elas se sentirão abandonadas assim que estão a sós consigo mesmas. Então sofrem porque não há ninguém ali com elas que as vê.

A Bíblia afirma que Deus vê a miséria do ser humano, que Ele olha para o ser humano lá do alto dos céus. Para Agar, a serva egípcia de Abraão, essa é a experiência de Deus decisiva. Ela havia fugido do tratamento duro de sua senhora Sarai. No deserto, o anjo do Senhor a encontra junto a uma fonte e se dirige a ela, prometendo que dará à luz a um filho do qual nascerá uma grande nação: "Ela deu, então, um nome ao Senhor, que lhe havia falado: *Tu és o Deus que me vê*, pois – disse ela – aqui cheguei a ver Aquele que me vê. Por isso, aquele poço passou a se chamar Poço de Laai-Roí" (Gn 16,13-14). Essa experiência, de que Deus cuida dela, que Deus a vê, dá novo ânimo a Agar. Ela volta para Abraão e dá à luz seu filho Ismael.

O Evangelista Marcos também nos conta a história de uma mulher que não estava sendo vista, embora usasse toda a sua força para que isso acontecesse. Mas, em vez disso, ela estava ficando cada vez mais fraca. É a história da mulher hemorrágica.

Ela havia perdido todo o seu sangue, toda a sua força vital, tinha dado tudo para ser vista. Quando procura Jesus, não tem mais nada que poderia lhe dar. Ela toca a borda de seu manto. Naquele instante, a hemorragia cessa. Jesus percebe que uma força saiu dele, passando a escutar dela todo o seu sofrimento. Agora ela é realmente vista. Jesus lhe diz: "Filha, a tua fé te curou. Vai em paz e fica curada desse sofrimento" (Mc 5,34). Alguns acreditam que serão vistos e reconhecidos quando trabalharem muito. Nesse sentido, cito um terapeuta: "Quem dá muito, precisa de muito". Por isso, muitas pessoas que têm esse tipo de conduta sempre têm a impressão de não receberem o bastante. Eu só posso dar sem me esgotar se eu recebi algo, se eu recebo o amor de Deus.

Uma mulher me contou: "Todos me consideram uma mulher forte. Eles me procuram para receberem ajuda para resolver seus problemas. Mas quando eu passo por alguma necessidade, não tenho ninguém que me ajude". Eu lhe perguntei: "Você tem a coragem de tomar algo para si? Você tem a coragem de perguntar a alguém se ele tem tempo para você?" Tive como resposta que isso era difícil para ela.

Nós acreditamos que somos percebidos quando fazemos algo. Mas assim as pessoas só veem o nosso desempenho, não nós mesmos. Mas quando temos a coragem de buscar a atenção e ajuda que precisamos, nós somos realmente vistos como uma pessoa. Quando pedimos ajuda, nosso interlocutor volta sua atenção para nós. E então nós também temos a coragem de olhar para nós mesmos. Alguns ignoram a si mesmos por estarem sempre à disposição dos outros. Ambas as coisas são importantes: não ignorar a nós mesmos e encontrar a coragem de aceitar e tomar dos outros aquilo que nós necessitamos. Quando fazemos isso, podemos dar sem nos esgotar.

Ansgar Stüfe

Passei 16 anos trabalhando como médico na Tanzânia, África Oriental. Na época, o desenvolvimento de um modo geral e o padrão de vida das pessoas era muito mais baixo do que atualmente. Por isso, fundamos um programa de saúde básica. Nosso gerente de projeto era excelente, trabalhando de forma criativa e competente. Eu era muito requisitado para palestras e cerimônias importantes. Ao final, sempre me serviam frango com arroz. Como convidado de honra, recebia o estômago do frango. Naquela região, isso é um símbolo de honra muito especial. Recebi ainda muitas outras honras para que todos me vissem e ninguém ignorasse a minha importância ali. Com o passar do tempo, aquilo começou a me irritar, porque tive que repetir isso inúmeras vezes. Então perdi a noção de que outras pessoas mal são vistas, apesar de dependerem dessa atenção.

Algumas haviam se oferecido para participar das aulas e informar seus parentes e conhecidos sobre as causas das doenças. Esses voluntários eram e são o alicerce desse programa.

O diretor do nosso programa sabia melhor do que eu como é importante valorizar e dar atenção a cada indivíduo. Por isso, todos os alunos receberam um diploma após o fim do curso. Certa vez, o nome foi esquecido. Por isso, depois de distribuírem os diplomas, ficou sobrando uma mulher que não havia recebido o seu. Evidentemente, eu lhe disse que receberia o diploma mais tarde, mas ela ficou em choque; chorou, abandonou a cerimônia e foi para casa. Ela se sentiu ignorada e, portanto, desprezada.

Quando convivemos com outros, o importante é percebermos os outros. Os responsáveis devem levar isso muito a sério e não repetir o meu erro de considerar isso algo irrelevante. Assim podemos evitar muitas mágoas. Na família, quando criamos nossos filhos, devemos celebrar os pequenos sucessos da criança. E principalmente no período da puberdade precisamos de muita paciência. Os jovens atormentados por dúvidas quase sempre se sentem ignorados.

Mas como é que nós mesmos nos sentimos quando somos ignorados? Devemos aprender a reconhecer o nosso valor próprio, que não depende da aprovação externa. Faz parte disso também a maravilhosa noção de Cristo como irmão. Cada mulher é uma irmã, cada homem é um irmão. Não existe nenhuma outra religião que nos concede tanta dignidade por meio do parentesco com Deus. Quando fazemos uma pausa em meio à correria, podemos refletir sobre essa dignidade singular que recebemos. Segundo o ensinamento cristão, temos traços de Deus dentro de nós. Devemos ir à procura desses traços. Assim, obtemos a força para aprendermos a avaliar o nosso próprio valor. Quando encontramos essa avaliação interior, podemos também reagir com humor a situações em que somos ignorados.

Quando eu era médico assistente, eu participava de muitos cursos de pós-graduação na universidade. O médico-chefe sempre falava só com o nosso superior, ignorando os demais. Quando completei meu estágio na clínica, participei da inauguração de um instituto. Já que nosso abade também havia sido convidado, vesti meu hábito de monge. Aquele professor também estava presente. Imediatamente, ele foi cumprimentar o nosso abade, abraçou-o calorosamente e depois se voltou para mim e até me chamou pelo nome. Aquilo me surpreendeu. Internamente, eu lhe disse: "Seu idiota arrogante! Você me conhecia o tempo todo, mas eu não era importante para você. Agora, com o novo *status* que tenho, passei a me tornar importante para você!"

Eu ainda era a mesma pessoa. Como eu teria sido tolo se tivesse baseado meu valor próprio nesse reconhecimento. Portanto, não devemos extrair nossa autoestima do fato de sermos vistos ou não, mas daquilo que realmente valemos. Cada ser humano possui um valor infinito simplesmente pelo fato de existir. Devemos recorrer a esses pensamentos sempre que nos sentimos ignorados.

QUANDO
estou muito sensível

Anselm Grün

Muitos se irritam por se magoarem com cada palavra crítica. Então eles se fecham e são incapazes de responder ou logo começam a chorar. Por isso, algumas pessoas têm medo de se manifestar num grupo, porque poderiam ser criticadas e reagir com uma sensibilidade exagerada. Nós reagimos assim sempre que alguém toca o nosso ponto sensível. Cada um de nós possui um calcanhar de aquiles. Um exemplo: uma mulher sofria porque era solteira. Quando alguém tocava nesse assunto, ela ficava sentida; outra pessoa havia tocado em sua ferida. Outro exemplo: um homem achava que não era bom o bastante, que seu desempenho era insuficiente e que, também como pessoa, não satisfazia os padrões de alguém amadurecido. Quando era criticado, também ficava sentido, pois haviam tocado em seu ponto fraco.

Muitas vezes, a sensibilidade também está ligada a ferimentos sofridos na infância. Cada um anseia ser aceito incondicionalmente. Com frequência, porém, uma criança aprende que ela só é amada pelos pais quando se comporta e não causa problemas. Quando os pais criticam a criança frequentemente, ela se sente insegura; vivencia a crítica como rejeição, e esta é algo difícil de conviver. Uma pessoa que se sente rejeitada não consegue desenvolver autoconfiança. E essa falta de autoconfiança é a razão pela qual reagimos de forma tão sensível na idade adulta.

Muitos se irritam com isso ou se decepcionam consigo mesmos. Mas é quase impossível defender-se contra essa reação sensível. Eu só posso ouvir o meu íntimo e me perguntar: Essa palavra crítica realmente é tão grave? O outro realmente me rejeita? Ou será que ele ousa dizer algo porque gosta de mim? Também posso me perguntar: Realmente preciso buscar um comportamento que faça com que todos gostem de mim? As palavras do outro realmente dizem algo a meu respeito? Ele está insatisfeito consigo mesmo por ter que ficar reclamando de mim?

Eu posso observar a minha reação sensível, tentar senti-la e então relativizá-la. Então, posso aproveitá-la como oportunidade para me aceitar com a minha sensibilidade: sim, eu sou assim; eu sou sensível. Eu vivo com essa ferida que se abre tão facilmente quando alguém a toca com as suas palavras. Ser sensível não é só algo negativo. Eu consigo me colocar no lugar do outro. E posso ver a minha reação sensível como desafio para fortalecer a minha autoconfiança. Eu imagino: eu sou uma árvore com raízes fortes. A crítica é como o vento que balança a árvore. Mas esta permanece de pé. Quando o vento a balança, suas raízes se fincam ainda mais na terra.

Posso recitar também a palavra de Salmos diante da minha sensibilidade: "Tenho sempre o SENHOR ante meus olhos; porque Ele está à minha direita, não vacilarei" (Sl 16,8). Eu não me concentro em minha reação sensível, em minha insegurança. Em vez disso, volto meu olhar para Deus. Eu não estou sozinho; não estou exposto ao fogo-cruzado da crítica. Deus está à minha direita. Quando me conscientizo disso, eu não vacilarei. Eu permaneço firme e de pé mesmo quando alguém me cobre de críticas. Imagino que nada consegue me abalar. Tenho um apoio firme em Deus. E essa firmeza também não é ameaçada por minha sensibilidade.

Ansgar Stüfe

Há dias em que pequenos eventos e adversidades provocam grandes emoções. Nós tínhamos um confrade já mais idoso que administrava a sacristia. Lá são guardados os paramentos e demais objetos litúrgicos. A tarefa do sacristão é, dentre outras, preparar o altar. Aquele nosso sacristão era famoso por reagir de maneira extrema à menor pressão. Eu precisava organizar uma cerimônia litúrgica para um pequeno grupo distante do nosso mosteiro. Para isso, eu precisava de alguns objetos que estavam guardados na sacristia. Normalmente, temos malas preparadas para isso, contendo todo o necessário. Eu não sou especialista nisso e, até então, nunca estive envolvido nesses preparativos. Eu precisava de conselhos e sabia que não era fácil conversar com nosso confrade. Então, eu o procurei e, fazendo-me de bobo, perguntei-lhe o que deveria fazer. Também lhe disse que não precisaria dos objetos naquele dia. Eu queria tirar a pressão imediata, mas de nada adiantou. Quando ouviu minhas perguntas, ele ficou rubro e passou a reclamar em alto tom. Justamente agora quando ele tinha tanto trabalho eu precisava aparecer. Como ele deveria dar conta de todo o seu trabalho se estava sendo interrompido o tempo todo por pessoas que não faziam ideia de como ele estava sobrecarregado. Ele estava à beira de um colapso, mas ninguém se importava. Assustado, eu me despedi. Na verdade, eu nem queria que ele fizesse algo por mim, eu só precisava de uma informação. Mas até isso já era demais.

Esse exemplo da vida monástica poderia acontecer também em qualquer espaço profissional. O que se esconde por trás disso? Uma observação do confrade já aponta o problema: "Ninguém se importa comigo". Quando reagimos de forma exagerada, muitas vezes, isso é um impulso ou um sinal para o outro de que algo totalmente diferente se esconde por trás do conflito. Muitos se sentem abandonados e sozinhos. Eles pedem ajuda, mas ninguém a oferece. Além disso, a pessoa que reage dessa forma não gosta de suas próprias reações. Quando as pessoas reagem de forma exagerada, elas são coagidas por impulsos inconscientes. O nosso confrade, por exemplo, gostava de mim. Mais tarde, ele me procurou, pediu desculpas e me deu a informação de que eu precisava.

O que devemos fazer quando essas reações aparecem dentro de nós? Uma coisa importante é pedir desculpas mais tarde. Mas devemos também investigar o que nos torna tão sensíveis naquele ponto. Nós nos sentimos ignorados em geral? Temos a profissão errada? Estamos sempre no limite das nossas forças? Reações exageradas sempre chamam nossa atenção para problemas mais profundos. Porém, há situações que permanecem misteriosas. A caminho da igreja até o refeitório, um confrade me perguntou se eu tivera um dia ruim. Eu não entendi o que ele estava querendo dizer. Então, ele me explicou que havia lido um artigo meu tão ruim que eu devia ter escrito aquilo num dia em que não estava bem. Eu fiquei tão surpreso com aquela afirmação que só me irritei. Passei o dia inteiro mal-humorado e não dormi bem naquela noite. No dia seguinte, eu me perguntei por que eu tinha ficado tão sentido com aquilo. É muito normal um artigo ser criticado. Quem publica algo precisa contar com uma crítica ruim. Eu também me dou ao direito de fazer críticas e, às vezes, eu sou bastante duro em meu julgamento.

Fiquei tentando descobrir qual aspecto daquela crítica tinha me ferido tanto. Aos poucos, percebi que essa era a pergunta errada. Não se tratava do conteúdo nem da maneira em que a crítica havia sido feita, mas daquilo que havia sido tocado dentro de mim. Até hoje não o descobri exatamente. Agora, eu ficarei me observando para ver se isso ocorre com uma frequência maior e se eu posso encontrar pontos em comum entre essas ocorrências. Uma coisa eu já descobri: estou ficando mais velho e minhas habilidades estão diminuindo. Isso gera temores dentro de mim. Pergunto-me o que ainda posso e devo fazer. Uma crítica àquilo que faço questiona as minhas qualidades. É evidente que isso me assusta.

Reações exageradas são, portanto, indícios de correntes mais profundas na nossa alma. Nós deveríamos nos conscientizar diariamente da nossa situação na vida e oferecê-la a Deus. E deveríamos aceitá-la para nós. Não é possível alcançar isso em uma única meditação, isso é um processo. Por isso, uma meditação frequente ajuda a lidar melhor com isso. Como mostrou nosso velho sacristão, é preciso uma longa vida monástica. Isso também é um consolo quando voltamos a reagir de forma tão sensível.

QUANTO
a vida é cinzenta

Anselm Grün

Algumas pessoas ficam melancólicas no fim de outono. Quando a neblina cobre a paisagem, isso corresponde a sua atmosfera interior. Tudo está cinzento. Os contornos desaparecem, mal dá para enxergar o caminho em que ando, sem falar do destino. A neblina cinzenta cobre tudo. O que a paisagem mergulhada na neblina nos diz é também uma imagem para a nossa vida – não reconhecemos seus contornos, nenhuma cor viva. Nós nos sentimos desanimados, estamos internamente vazios. Não há espaço para a alegria. Ficamos tateando pelo dia a dia cinzento, sem destino, sem um sentido na vida. Estamos como que encobertos. Nenhum raio de luz ilumina nossa vida. Tudo parece sombrio. As perspectivas do futuro são tão sombrias quanto o presente.

Alguns vivenciam tais situações quando o dia a dia cinzento toma conta do relacionamento. Vivemos lado a lado, mas não convivemos. Tudo é rotina. O amor parece ter desaparecido. Damos um passo após o outro sem saber para onde estamos indo. Perdemos de vista o destino comum. Não vemos mais o sentido do relacionamento. Muitos não brigam, mas não prestam atenção no outro. Tudo está imerso em neblina cinzenta, o convívio, a vida, o próximo ano, o futuro em geral.

Algo semelhante acontece às vezes também para a profissão. Vamos para a empresa, trabalha um pouco, mas falta o entusiasmo, o prazer naquilo que fazemos. Tudo é apenas rotina. Quando nos levantamos, já ansiamos pelo fim de expediente. Mas o que nos espera em casa é também apenas rotina cinzenta. Não há nada de especial que poderia nos alegrar. Jantamos a mesma coisa todos os dias. À mesa, todos ficam calados. E, às vezes, nós nos perguntamos se tudo isso ainda faz sentido, mas não temos a coragem de dizer isso em voz alta. Muitos preferem ficar tateando pelo dia a dia cinzento, porque se acomodaram nessa vida triste e desistiram de todos os grandes planos e ideais.

Não faz muito sentido dizer palavras animadoras a uma pessoa que vivencia seu dia a dia como rotina cinzenta e sem graça, por exemplo, que deveria se concentrar nas coisas belas da vida. Isso soa positivo, mas não muda a sensação. O que ajuda mais é primeiro aceitar a atmosfera triste. Permito que o outro me conte como ele vivencia a vida naquele momento. E então pergunto: O que você gosta de fazer? O que alegra você? Você está esperando por algo? Quando meu interlocutor responde que não sabe e, em vez disso, só reclama que nada faz sentido, que nada parece existir que possa mudar esse dia a dia cinzento, posso usar o bom humor para confirmar suas afirmações, e assim mudar um pouco o seu dia. Pois quando repito sua declaração com humor, ele se sente desmascarado; percebe que nem tudo é cinzento e que está usando óculos com lentes cinzas, passando a ver tudo de maneira negativa.

Também posso falar da teoria das cores: cinza é uma cor de transição. Ela se abre para outras, para o preto e o branco. Eu posso ver o cinza do meu dia a dia como transição para cores mais claras ou se ele está se movendo em direção ao preto, se eu quero ver tudo de forma pessimista. Uma pessoa que faz as pazes com o cinza não o vivencia mais como algo que o esmaga, mas como algo que acalma. A neblina que cobre a paisagem pode também gerar tranquilidade dentro de nós. As cores desapareceram. Mas quando não nos rebelamos contra isso, podemos vivenciar a neblina como uma ajuda. Ela esconde os contornos.

Encobre também os problemas que nos fazem sofrer. Talvez possa nos ajudar a suportar nossa vida que perdeu suas cores. Caminhar na neblina também pode ser fascinante. Ela me envolve. Isso pode ser uma imagem para a presença amorosa de Deus, que me envolve e na qual eu caminho. O véu cinzento pode ser um véu suave, que encobre as coisas que não consigo suportar no momento.

É claro que a neblina também pode me lembrar da minha solidão. E foi assim que Hermann Hesse a viu em seu famoso poema: "Estranho caminhar na neblina! Viver é ser solitário. Ninguém conhece o outro. Cada um está só". A neblina é uma imagem da nossa caminhada solitária pelo mundo. Existem áreas que não podemos compartilhar com os outros. Para Hermann Hesse, a neblina também é uma imagem para a escuridão interior. Ele sofria de depressão; muitas vezes se sentia separado das pessoas. Nossa tarefa consiste em transformar a neblina cinzenta em branco suave e, na solidão, desenvolver uma noção da união com tudo o que é. Então nossa solidão deixará de ser dolorosa e se transformará num lugar do silêncio e do isolamento. Para o Mestre Eckhart, o isolamento é uma expressão de uma profunda experiência de Deus.

Estamos distantes das cores e do barulho da vida para podermos alcançar a profundeza da alma e lá encontrar a paz interior. Os monges também conheceram essas experiências e tentaram transformar esse sentimento com a ajuda das palavras da Bíblia. Em sua regra, São Bento recomenda em situações assim meditar sobre o versículo de Salmos: "Como um animal de carga estou diante de ti, mas sempre estou contigo" (*Regra de São Bento* 7,50 = Sl 73,22). Isso significa: admito que no momento minha vida parece uma rotina cinzenta. Mas eu digo sim a ela. Sou como um animal de carga. Sigo meu caminho. Mas eu sei: estou sempre com Deus. Sua presença me envolve, mesmo quando não a percebo. O segredo é interpretar a neblina como a presença invisível de Deus. Então a neblina não transformará todas as cores em uma massa cinzenta, mas será um véu suave da presença amorosa de Deus.

Ansgar Stüfe

Muitas vezes, os primeiros meses do ano são chuvosos. O tempo não é muito frio, mas chove praticamente todos os dias. Nos meses de inverno, as flores não brotam. As árvores perderam todas as suas folhas e estendem seus galhos nus para o céu. Os rios e lagos espelham a cor do céu. Assim, toda a paisagem e o dia se apresentam sem cores. E foi igual no início desse ano. Nós estávamos precisando da chuva, e eu li nos jornais que ela ainda não havia compensado sua falta nos anos anteriores. Fazia um tempo bonito, mas dias cinzentos começaram a pesar sobre minha alma. Eu olhava com olhos sombrios para tudo e perdi também a capacidade de olhar para o futuro com otimismo. Eu sabia, é claro, que em algum momento o sol reapareceria. Mas esse pensamento não me ajudou em nada. Pois agora, neste e nos próximos dias, tudo continuou escuro e cinzento.

Há pessoas que nem chegam a perceber se está chovendo ou fazendo sol. Elas se dedicam completamente ao trabalho e às suas atividades pessoais que não se importam com o tempo lá fora. Mas para a maioria das pessoas, esse tempo triste é muito familiar. E esse tempo triste se reproduz no interior cinzento das pessoas. Os velhos padres monásticos já conheciam e alertaram contra isso. Quando uma atmosfera negativa domina a nossa alma, perdemos o poder criativo e a nossa capacidade de percepção. Perdemos a faculdade de enxergar as cores, apesar de estarem presentes por toda parte. Os olhos da nossa alma enxergam tudo através de lentes cinzentas, e tudo se apresenta como igualmente sombrio. A saudação amigável não é respondida ou nem percebida. Um elogio é ignorado, uma crítica é vista apenas como confirmação da situação geral. Essa percepção seletiva reforça e confirma a atmosfera cinzenta, e ficamos presos num ciclo vicioso: cada dia é percebido como ainda mais escuro do que o dia anterior. Não se trata de uma depressão verdadeira. Muitas vezes, a causa dessas emoções sombrias é uma postura fundamental. São justamente as pessoas religiosas que tendem a assumir tais posturas. Elas veem o mundo em oposição a Deus. A fé evaporou, dizem elas. As pessoas não creem mais em Deus nem na Igreja. Por isso, essa sociedade está condenada à ruína. Quando assumimos essa postura fundamental, os desenvolvimentos positivos não podem mais ser percebidos.

No mosteiro geralmente há o costume de perceber os desenvolvimentos sociais como negativos. Sempre que o abade está ausente, alguns monges criticam, dizendo que ele não cuida mais da comunidade. Quando o abade investiga uma questão, reclamam que ele está tentando impor suas preferências pessoais à comunidade. O que chama atenção é que, além da crítica, ninguém faz sugestões positivas que levem a uma melhora, pois, como acreditam alguns monges, isso não adianta. Tais posturas fundamentais são um grande fardo.

Na vida normal, dias sombrios ocorrem apenas de vez em quando. Quando ocorrem, é importante confiar que eles passarão. Assim como os dias ensolarados sempre retornam, os humores cinzentos também desaparecem. Em dias assim, não devemos tomar decisões importantes que deem uma direção à nossa vida. Caso contrário, corremos perigo de trilhar caminhos errados. O aspecto mais consolador nessas situações de vida é a confiança: devemos confiar que Deus quer o nosso bem. Devemos reconhecer também que, muitas vezes, nem sabemos por que estamos nos sentindo daquele jeito. Quando fazemos isso, não responsabilizamos outros fatores pelo nosso mau humor. Devemos então perseverar e confiar que as nuvens escuras desaparecerão. E nem precisamos fazer muita coisa para que isso aconteça. Devemos interromper nossas ações e nossos julgamentos e admitir internamente que precisamos da luz que vem de fora. Essa luz virá se confiarmos nisso.

QUANDO
não consigo me livrar do meu
mau humor

Anselm Grün

A palavra alemã para humor, "*Laune*", provém da palavra latina "*luna*", "lua". Antigamente, acreditava-se que as fases da lua determinam o nosso humor. Não temos como verificar se isso é verdade. Evidentemente, tentavam explicar algo que se esquiva do nosso conhecimento claro. Muitas vezes, nem sabemos por que estamos mal-humorados no momento. Alguém diz: "Levantei hoje com o pé esquerdo". Isso nem é tão absurdo quanto soa. Pois muitas vezes, o nosso humor matinal depende dos sonhos que tivemos durante a noite. Mesmo quando não nos lembramos deles, eles têm uma influência sobre o nosso humor. Sonhamos alguma coisa que nos entristeceu ou irritou. Talvez tenhamos sonhado que nos atrasamos para um compromisso ou que não conseguimos encontrar o nosso carro no estacionamento do supermercado. Nossa obrigação seria entender esses sonhos e responder a isso. Muitas vezes, porém, não fazemos esse esforço. Assim, os nossos sonhos determinam o nosso humor sem sabermos por quê.

Existem, é claro, outras razões para ficarmos mal-humorados: quando alguém nos critica no trabalho ou alguém nos faz passar vergonha, voltamos para casa mal-humorados. Quando os filhos brigam, isso intensifica o nosso mau humor ainda mais. Temos a impressão de que não conseguiremos nos livrar do nosso mau humor naquele dia. Às vezes, o mau humor continua por dias. Às vezes, porém, o nosso humor muda de um instante para o outro: acordamos e encaramos o dia animados e bem-humorados, mas, de repente, o nosso humor muda. Nem sabemos de onde vem esse mau humor repentino.

Há pesquisadores que acreditam que o mau humor nem sempre é algo ruim. Pois uma pessoa bem-humorada não observa a realidade minuciosamente. Ela gosta de ignorar fatos negativos e não os leva tão a sério. Uma pessoa mal-humorada analisa melhor as coisas e é mais cautelosa. Os pesquisadores acreditam que, na história da evolução, o mau humor protegeu as pessoas de perigos externos. Mas hoje em dia isso não nos ajuda muito. Quando estamos mal-humorados, nós não nos sentimos bem, não analisando as coisas com maior precisão. Esse estado nos faz enxergar tudo negativamente e nos torna imunes a notícias positivas.

Mas o que pode nos consolar quando estamos mal-humorados? O que pode ajudar é assistir a um filme engraçado ou ouvir uma piada. No entanto, é possível que essas coisas nos deixem ainda mais agressivos porque nosso mau humor não suporta isso naquele momento. E, muitas vezes, não queremos nos livrar dela tão rapidamente. Às vezes, nós nos reviramos e deleitamos nela. Tomás de Aquino, o grande teólogo da Idade Média, não ofereceu nenhuma palavra piedosa para o mau humor. Ele acredita que algo tão simples como tomar um banho quente ou nadar num lago pode espantar o mau humor. É interessante como Tomás explica o efeito consolador do banho: "Porque esses remédios [o banho] devolvem à natureza seu estado correto, e isso nos causa prazer. Pois é justamente isso que desperta o prazer. Visto, porém, que todo prazer ameniza o sofrimento, esses remédios corporais diminuem a tristeza" (AQUINO, T. *Summa Theologica* 38,5). No banho, entramos em contato com o estado paradisíaco antes do nosso nascimento. Então nos sentimos abrigados e felizes. Isso espanta o mau humor.

Além desses remédios naturais, uma palavra dos Salmos também pode ajudar a espantar o mau humor. Pois essa palavra da Bíblia nos impede de continuar a celebrar esse humor negativo. Ela nos mostra uma maneira de nos distanciarmos dele e de esperar que a meditação interrompa esse ciclo vicioso. Quando eu era administrador do mosteiro e estava de mau humor porque os conflitos estavam se acumulando, o seguinte versículo me ajudava: "Bendito seja o Senhor, que dia após dia carrega o nosso fardo" (Sl 68,20). Eu imaginava como Deus segurava todos nós que estávamos causando todos aqueles problemas. Isso relativiza os problemas e transforma meu mau humor. Então posso contemplar a situação com humor. Deus também tem humor. Ele carrega todos aqueles que, às vezes, brigam por causa de banalidades.

Além disso, lembro-me da história do Profeta Jonas: ele não ficou feliz quando Nínive se converteu ao ouvir a sua pregação; teria preferido se a cidade inteira tivesse sido destruída. Então sua pregação se cumpriria. Por isso, no final do livro, Jonas está sentado no topo de uma colina na vizinhança da cidade. Ele está mal-humorado e imagina como teria sido maravilhoso se Deus tivesse feito chover fogo e enxofre sobre aquela cidade. Deus o conforta em seu mau humor. Ele fez crescer uma "mamoneira sobre Jonas, para dar sombra à sua cabeça e libertá-lo de seu mau humor" (Jn 4,6). Jonas se alegra com aquilo. Agora ele pode descansar na sombra. No dia seguinte, porém, Deus envia um verme que faz com que a mamoneira resseque. Jonas se irrita porque agora o sol está queimando sua cabeça. Então Deus o faz enxergar que lamenta a perda da mamoneira que Ele nem fez nascer. Então, como não poderia ter misericórdia dos inúmeros habitantes de Nínive?

Deus relativiza o mau humor de Jonas chamando sua atenção para algo mais importante: o bem-estar de uma cidade inteira. Às vezes, nós também precisamos de um horizonte mais amplo para relativizar o nosso mau humor. Isso nos permite rir da nossa mesquinhez. Nós nos sentimos conectados com Jonas. Ao mesmo tempo, permitimos que Deus nos dê um sermão que nos aponta para algo mais importante do que aquilo que causou o nosso mau humor.

Ansgar Stüfe

Quem já não esteve mal-humorado? Já que a maioria de nós convive com outros todos os dias, nós nos deparamos frequentemente com homens e mulheres mal-humorados. Não raramente nós fazemos parte desse grupo. Muitas vezes, nem percebemos que estamos mal-humorados. Recentemente fui testemunha de uma situação desse tipo: Um pequeno grupo de trabalho se encontrou para organizar um evento. Era preciso decidir quem seria responsável por qual parte do evento. Sempre que o grupo estava prestes a tomar uma decisão, um participante dizia: "Sim, e no fim terei que fazer tudo sozinho". Quando ele disse isso pela terceira vez, os outros não conseguiram conter sua irritação e responderam: "Assim não chegaremos a decisão alguma". O "mal-humorado" ficou desconcertado e pediu perdão. Ele nem havia percebido que estava de mau humor. Ele vivenciara um conflito em casa e o levara para o trabalho.

Muitas vezes, são coisas pequenas que influenciam o nosso humor. O mau humor obstrui então a nossa capacidade de perceber desenvolvimentos positivos. Quando estamos de mau humor, não somos capazes de trabalhar de forma construtiva para encontrar soluções para os problemas. Conheço pessoas que ficam de mau humor o dia inteiro porque o ovo não estava cozido no ponto que elas queriam. Uma banalidade desse tipo não deveria provocar um mau humor, poderíamos achar.

Quando eu era noviço, eu fiz uma observação interessante a meu respeito: no noviciado, nós, os monges, temos um ano para conhecer a vida monástica e para avaliar se somos aptos para essa vida. Nesse ano, os jovens não trabalham em sua profissão. Eles só trabalham por motivos de equilíbrio emocional. Assim resta tempo para as orações, aulas, exercícios espirituais e as refeições com a comunidade. Assim, todas as causas externas que poderiam exercer uma influência sobre a vida são excluídas. Numa semana durante esse tempo, constatei que eu estava extremamente mal-humorado. Eu me irritava com tudo. E olha que na época nem tínhamos ovos cozidos que poderiam ter me irritado. Percebi que a irritação interna tinha sua origem em mim, nas profundezas da minha alma. Não existia nenhum motivo externo. E aí está também a razão para quando o mau humor não quer passar. Problemas pequenos como aquele ovo cozido são apenas gatilhos que só tornam visíveis um humor já existente.

Outro exemplo: uma mulher veste uma blusa nova e, durante o café da manhã, um pouco de geleia cai na blusa. Algo semelhante acontece com um homem e sua gravata. Ambos precisam ir a uma reunião importante e agora precisam primeiro trocar de roupa. São eventos assim que provocam o mau humor, mas eles não são a causa raiz. Infelizmente, muitos não estão cientes desse contexto. Muitos acreditam que, se seu ovo sempre estivesse perfeitamente cozido e eles nunca se sujassem, eles estariam sempre de bom humor. Isso é um equívoco. Precisamos identificar as causas mais profundas.

Primeiro, porém, devemos perceber que estamos mal-humorados. Por isso, deveríamos ser gratos quando alguém – mesmo que com palavras duras – chama nossa atenção para isso. Quando isso acontece, é importante ter a disciplina externa para proteger os outros da sua própria reação. Quando acontece algo realmente ruim, nós nos sentimos tão miseráveis que queremos que os outros se sintam igualmente péssimos. Sim, acreditamos até que esse é um direito nosso e nos perguntamos: "Por que o outro está tão bem e eu estou nessa miséria? Isso não é justo!" Assim, o mau humor pode ser contagiante. Normalmente, porém, não conseguimos simplesmente desligar o nosso mau humor, porque existem causas mais profundas. Autoconhecimento e disciplina são, portanto, as primeiras medidas que precisam ser tomadas. Na tradição monástica existe um exercício chamado de "boa opinião". Nesse exercício, fazemos uma meditação bem curta para nos conscientizar de que Deus quer o nosso bem – o meu e o de todas as outras pessoas. Em tais momentos, isso pode ajudar.

No entanto, devo também investigar as causas mais profundas. Parte do mau humor tem sua origem na nossa genética. Eu percebi isso na época no noviciado. Todos os seres humanos passam por oscilações de humor, mas elas passam sozinhas. O que precisamos fazer quando estamos de mau humor é não tomar decisões importantes e devemos controlar o nosso comportamento. Tempos virão em que nos sentiremos melhor. Muitas vezes, nem sabemos por que tomamos determinadas decisões.

Às vezes, porém, carregamos problemas que não foram resolvidos. Sempre existem decisões desagradáveis que ficamos adiando. Inconscientemente, nós nos irritamos conosco mesmos por sermos tão fracos e não conseguimos agir. Essa frustração subliminar gera mau humor.

Portanto, sempre que estamos mal-humorados, devemos procurar e identificar problemas não resolvidos. Quando os encontramos e finalmente resolvemos o problema, o mau humor desaparece como que num passe de mágica. Outra ideia boa é usar a meditação diária para tentar identificar problemas desse tipo. Quando abrimos nossa alma para Deus, nós reconhecemos as áreas em nós mesmos em que precisamos agir.

QUANDO
todos parecem estar conspirando contra mim

Anselm Grün

Quando acontece algo no mundo que não entendemos imediatamente, recorremos a teorias da conspiração, que, muitas vezes, logo encontram muitos adeptos. Essas teorias conspiram sobre a origem do coronavírus, um ataque de extraterrestres ou supostas lavagens cerebrais e a manipulação das pessoas pelos poderes estatais. Com essas teorias, tentamos explicar algo que não possui uma explicação fácil. Essas teorias da conspiração existem; também no âmbito pessoal.

Às vezes, temos a impressão de que todos os outros se conspiraram contra nós. Eles querem nos prejudicar. Por isso eles espalham informações falsas sobre nós. Talvez, temos a impressão de que estão enviando uma energia negativa para a nossa casa para que não nos sintamos à vontade nela. Ou pensamos que os outros estão tramando algo contra nós. Que eles estão se reunindo secretamente e se unindo contra nós. Às vezes, essas teorias de conspiração se transformam em um complexo de perseguição. Isso se manifesta em imaginações doentias de que outras pessoas estão nos prejudicando enviando energia negativa ruim pelo buraco da fechadura da nossa casa ou roubando secretamente objetos que nos pertencem apesar das duas trancas que instalamos na nossa porta. Por trás dessa paranoia doentia existe um sentimento absolutamente normal:

outras pessoas não gostam de mim. Elas não me tratam com benevolência, espalham boatos por trás das minhas costas. Então passo a me sentir inseguro em meu ambiente. Tenho a impressão de que todos me olham de um jeito estranho e que certamente estão pensando coisas negativas sobre mim. Eles acreditam naquilo que outros lhes contaram sobre mim.

Conheço uma mulher que sente um estresse enorme quando precisa ir ao supermercado. Ela pensa: as pessoas que eu encontro estão me olhando de um jeito muito estranho. Com certeza, acham que eu sou esquisita ou louca. Ela acha que a vendedora lança um olhar secreto para a sua colega, como se estivesse dizendo: Olhe, lá vem aquela esquisitona. Outra mulher me contou que, sempre que entra numa loja, acha que as vendedoras fofocam sobre ela e seus filhos, que estão enfrentando dificuldades na escola. Assim, cada compra se transforma em uma tarefa penosa.

Quando as pessoas me falam desse tipo de pensamentos e imaginações, eu tento explicar para elas como eu reajo em situações semelhantes. Eu digo a mim mesmo: Não adianta pensar naquilo que os outros poderiam estar pensando. Eu não sei o que eles pensam. E isso nem é importante. As pessoas podem pensar o que querem. Esse é um problema deles. Não é da minha conta. Não importa o que pensam. Seus problemas dizem mais sobre aqueles que têm esse tipo de pensamentos do que sobre mim. Eu tento simplesmente ficar comigo mesmo. E eu trato as pessoas de forma amigável e distanciada, como se não me importasse com aquilo que elas pensam.

Frequentemente, sugiro que meditem sobre um versículo de Salmos: "Em Deus eu confio e nada temo: o que poderá um mortal fazer contra mim?" (Sl 56,5). Esse versículo não resolve o problema. Ainda assim me importo com aquilo que os outros pensam sobre mim. Mas quando recito essas palavras algumas vezes, eu me distancio dos outros e não me perco em alguma teoria da conspiração e paro de pensar sobre o que eles têm contra mim e como poderiam estar conspirando contra mim.

Ansgar Stüfe

Todos nós temos dias em que pessoas diferentes ou eventos neutros nos passam a impressão de quererem nos prejudicar. Assim surge a impressão de que um grupo de pessoas se uniu para intimidar um outro ou até mesmo para afastá-lo de sua posição. Isso realmente acontece.

Na minha juventude, eu era politicamente ativo. A diretoria do comitê local do partido estava discutindo a lista de candidatos para a câmara dos vereadores. A tarefa da diretoria era sugerir uma lista para a assembleia dos membros do partido. Essa assembleia pode sugerir mudanças na lista e recomendar outros candidatos, mas, no fim, ela acatou a maioria dos candidatos sugeridos pela lista da diretoria. Muitos de nós não queremos renovar a candidatura de alguém, mas não podíamos dizer isso publicamente porque ele havia recebido muitos votos. Então decidimos incluí-lo na lista, na qual figurava o número maior de candidatos do que seriam eleitos. Unânimes, todos os membros da diretoria decidiram que nenhum deles lhe daria o seu voto. E isso funcionou como planejado. A diferença no número de votos foi tão grande que aquele candidato não recebeu os votos necessários e, por isso, não pôde concorrer nas eleições. O candidato e agora ex-vereador ficou com muita raiva e abandonou a assembleia. Esse exemplo mostra que uma desconfiança em relação a grupos de pessoas pode ser justificada e nem sempre se baseia em fantasia.

Simples eventos no dia a dia, porém, podem nos convencer de que todos se conspiraram contra nós. Já que conhecemos histórias como aquela que acabei de contar, nós aproveitamos essas ocorrências para construir uma teoria da conspiração. Eu mesmo me vi numa situação semelhante em determinado momento: ainda jovem, eu havia feito os meus votos como monge. Eu morava no nosso mosteiro na cidade e partia dali todos os dias para o meu trabalho no hospital. Certo dia deparei-me com um monge mais velho no corredor. Ele me disse: "Ah, Ansgar, você ainda está conosco. Você sairá da ordem em breve?" Fiquei sem palavras e simplesmente continuei andando. No dia seguinte, fui visitar o nosso mosteiro principal. Sob o hábito, apareciam as minhas calças, que eram claras. Então um monge idoso e muito respeitado se voltou para mim e perguntou o que estava aparecendo sob o meu hábito. Um pouco desajeitado, expliquei-lhe, mas ele me atacou: "O seu lugar não é aqui!" Aos poucos, comecei a suspeitar. À noite, fui apresentado a um professor de Teologia que estava visitando os monges. Quando ouviu a história da minha vida, ele disse: "Meu pequeno monge, escolheste uma jornada difícil". Na época, eu não sabia que haviam dito isso a Lutero, mas duvido que teria me sentido melhor se tivesse conhecido o contexto dessa citação. Agora, eu tinha certeza de que estavam falando sobre mim e que um grupo de monges achava que eu não devia estar no mosteiro.

Ocorrências desse tipo são desagradáveis, é claro. E não é fácil se livrar da suspeita quando algo assim acontece. Se eu tivesse perguntado abertamente se estavam tentando se livrar de mim, todos os monges teriam negado isso. Portanto, é preciso buscar a solução em si mesmo. Ao longo da minha vida monástica, percebi que, por causa da minha formação e das minhas opiniões, muitos monges me consideravam um sujeito suspeito. Por exemplo, eu não acredito em aparições da Nossa Senhora. Nenhum cristão católico é obrigado a acreditar nelas, mas quando confesso tal "descrença", poucos entendem. Tive que aprender que algumas das minhas opiniões geram confusão. Por outro lado, não preciso expressá-las sempre. É claro que, inconscientemente, eu sabia disso. E essa noção inconsciente incentivou a criação de uma teoria da conspiração. Por isso, quando nos deparamos com uma situação em que aparentemente todos conspiraram contra nós, existem fatos objetivos e impressões imaginadas que não são corretas. Essa é uma característica típica de muitas teorias da conspiração. Por isso, é importante conhecer os fatos e corrigir a si mesmo.

Para mim, foi importante reconhecer se eu realmente queria ser monge. Quando isso estava claro para mim, essas opiniões não importavam mais. Nesse tipo de cenários de ameaça precisamos de clareza interior. Com ela, podemos decidir calmamente quando devemos manifestar as nossas opiniões e quando é melhor ficar de boca fechada. Hoje em dia, os meus confrades costumam pedir minha opinião quando discutem assuntos controversos, porque eles sabem que eu dou uma resposta honesta. Hoje, posso esperar até que me perguntem. Mas quando me perguntam, eu digo de forma aberta e franca o que penso sobre o problema. Franqueza e um raciocínio claro acabam com cada teoria da conspiração, também com aquela que nós mesmos criamos.

Conclusão

Contemplamos 18 dificuldades e 18 consoladores neste livro. Na fé, o número 18 exerce um papel importante. Nós encontramos esse número, por exemplo, na Oração das 18 petições, na Amidá, a oração central na liturgia judaica. E o Evangelista Lucas nos conta a história de uma mulher que esteve doente durante 18 anos. Ela "andava curvada e não podia se endireitar" (Lc 13,11).

Poderíamos entender esse número também da seguinte forma: dez é o número da integridade. A mulher que anda curvada perdeu sua integridade. Oito é o número da infinitude, da transcendência, da abertura para o céu, para Deus. Quando a mulher anda curvada, não consegue mais olhar para o céu. Jesus a curou ao impor-lhe as mãos: "ela imediatamente se endireitou e começou a louvar a Deus" (Lc 13,13).

Agora ela reencontra sua integridade, sua dignidade e volta a se relacionar com Deus. Ela o louva e volta sua atenção para Ele. Jesus a ergue em quatro passos. São os mesmos quatro passos que nós – os confrades Ansgar e Anselm – aplicamos também neste nosso livro:

1) Jesus olha para a mulher, assim ela recebe atenção. Nós descrevemos as aflições das pessoas. Assim os leitores podem sentir que eles são vistos e percebidos.

2) Jesus dirige a palavra à mulher. A palavra grega *prosphonein* significa: falar de olho em olho, iniciar uma conversa em que ocorre uma troca. Nós tentamos conduzir uma conversa com os leitores. Nós recorremos a palavras e experiências

pessoais, mas também a palavras da Bíblia. Elas não querem ser lidas como sermões, mas iniciar uma conversa conosco para que os nossos pensamentos sejam transformados através da conversa.

3) Jesus promete à mulher: Você está curada de sua doença. Da mesma forma nós queremos não só dar consolo aos nossos leitores, mas também que eles entrem em contato com as suas próprias forças e os potenciais de sua alma para reagir de forma saudável a situações difíceis. E nós recitamos palavras da Bíblia. Elas esclarecem o que, até então, não conseguimos enxergar com clareza, mas o que a nossa alma já disponibiliza em suas profundezas em termos de possibilidades e potenciais.

4) Jesus toca a mulher e lhe impõe as mãos. Esperamos que, com nossas palavras, com nossas experiências da nossa própria vida e com outras pessoas, possamos tocar os leitores, para que eles possam entrar em contato com as forças da sua própria alma.

Desejamos, assim, que as nossas palavras, como principalmente as palavras de Jesus no Evangelho, toquem o seu coração e ergam você, para que possa entrar em contato com as forças curadoras da sua alma, com a esperança de que existe um consolo para cada dor e uma transformação para cada aflição.

Conecte-se conosco:

facebook.com/editoravozes

@editoravozes

@editora_vozes

youtube.com/editoravozes

+55 24 99267-9864

www.vozes.com.br

Conheça nossas lojas:

www.livrariavozes.com.br

Belo Horizonte – Brasília – Campinas – Cuiabá – Curitiba
Fortaleza – Juiz de Fora – Petrópolis – Recife – São Paulo

EDITORA VOZES LTDA.
Rua Frei Luís, 100 – Centro – Cep 25689-900 – Petrópolis, RJ
Tel.: (24) 2233-9000 – E-mail: vendas@vozes.com.br